AF628926

Impressum

HEEL Verlag GmbH
Gut Pottscheidt
53639 Königswinter
Tel.: 02223 9230-0
Fax: 02223 9230-13
E-Mail: info@heel-verlag.de
Internet: www.heel-verlag.de

© 2018 HEEL Verlag GmbH
5. Auflage 2021

Alle Rechte, auch die des Nachdrucks, der Wiedergabe in jeder Form und der Übersetzung in andere Sprachen, behält sich der Herausgeber vor. Es ist ohne schriftliche Genehmigung des Verlages nicht erlaubt, das Buch und Teile daraus auf fotomechanischem Weg zu vervielfältigen oder unter Verwendung elektronischer bzw. mechanischer Systeme zu speichern, systematisch auszuwerten oder zu verbreiten.

Fotos: Sandra Then, S. 10 akg-images/Science Source
Projektleitung: Christine Birnbaum
Gestaltung: Christine Mertens

Dieses Buch und die darin enthaltenen Rezepte wurden nach bestem Wissen und Gewissen verfasst. Weder der Verlag noch der Autor tragen die Verantwortung für ungewollte Reaktionen oder Beeinträchtigungen, die aus der Verarbeitung der Zutaten entstehen.

– Alle Rechte vorbehalten –
– Alle Angaben ohne Gewähr –

Printed in Slovenia

ISBN: 978-3-95843-635-0

MARCO RINGPFEIL SANDRA THEN · FOTOS

DUTCH OVEN
QUICK & EASY

SCHNELLE GERICHTE, DIE PERFEKT GELINGEN

HEEL

INHALT

Vorwort 6
Die Geschichte des Dutch Ovens 8
Faszination „Dopfen“ 10
Die Auswahl des richtigen Dutch Ovens 11
Die ersten Schritte mit dem Dutch Oven 12
Das richtige Zubehör 13
Einheizen 22
Die richtige Pflege 28

REZEPTE

SUPPEN UND EINTÖPFE

Käse-Lauchsuppe 32
Kartoffeleintopf 34
Linseneintopf 36
Rosenkohleintopf 38
Texas Beans 40
Zwiebelsuppe mit Käse 42
Tomatensuppe 44
Dutch-Oven-Stew 46
Schnelle Kürbissuppe 48
Omas Pizzasuppe 50
Pfundstopf 52

HAUPTGERICHTE

Chili con Carne 56
Spareribs 58
Gefüllte Paprika 60
Zwiebelschmorbraten 62
Currywurst 64
Süßkartoffel-Pommes 66
Nackenbraten 68
Ente auf Rotkohl 70
Szegediner Gulasch 72
Gulasch 74
Knuspriger Schweinebauch 76
Schichtfleisch 78

Kartoffelauflauf 80
Schichtkohl 82
Gefüllter Kürbis 84
Weiße Bohnen nach texanischer Art 86
Rollbraten mit Biergemüse 88
Nudel-Schinken-Gratin 90
Norddeutscher Grünkohl 92
Hähnchenschenkel auf Rosmarinkartoffeln 94
Pulled Pork 96
Lasagne 98
Hackbraten 100

Zum Verfeinern:
Bacon Jam 102
Selbstgemachtes Dutch-Oven-Gewürz 104

GEBACKENES

Hefezopf 108
Marmorkuchen 110
Schoko-Fruchtschnecken 112
Bauernbrot 114
Bierbrot 116
Brötchen 118
Pizzabrötchen 120
Bannock 122
Brownie 124
Reibekuchen 126

DESSERTS UND ANDERE SÜßE SACHEN

Apfelkuchen 130
Apple Crumble 132
Pfannkuchen 134
Käsekuchen 136
Bratapfel 138
Obst Crumble 140

Ein paar WORTE VORAB ...

Die Zubereitung von Mahlzeiten draußen in der Natur, egal, ob am Grill, am offenen Feuer oder im Gusstopf über glühenden Kohlen hat seinen ganz eigenen Reiz. Von diesem beinahe Archaischen, fernab von Hightech-Küchen und blankgeputztem Edelstahl geht eine ganz eigene Faszination aus, die immer mehr Menschen in ihren Bann zieht.

Wie schön, wenn einfaches Improvisieren und Ausprobieren der Perfektion den Rang abläuft, wie entschleunigend, wenn das Ungefähre, das „Aus-dem-Handgelenk-Schütteln“ die gramm- und temperaturgenaue Präzision ersetzt – und das alles bei einem Ergebnis, das einem das sprichwörtliche Wasser im Munde zusammenlaufen lässt.

Wer sich von genau dieser Herangehensweise angesprochen fühlt, für den ist der Dutch Oven das Kochgerät der Wahl. Auch ich habe viel gelesen zum Thema, habe mich inspirieren lassen und rechts und links geschaut, was es an gedruckter Literatur und im Netz an Informationen einzusammeln gibt. Am meisten hat mir jedoch geholfen, was ich vom Besuch eines Grillkurses mitgenommen habe, als ich dort fragte, wie es mit der genauen Verteilung der Kohlen aussähe. Die Antwort war entwaffnend und hat mir die Unsicherheit genommen: „Du hast doch zwei gesunde Ohren, oder? Die Kohlen musst du nicht zählen, du hörst doch, wie laut es blubbert im Dutch Oven. Wenn es zu stark wird, nimm Kohlen weg, wenn es zu leise blubbert, leg Kohlen dazu.“

Nun hilft es sicherlich, dass man ein paar Anläufe unternimmt, um die verschiedensten Gerichte auszuprobieren, bevor man alleine auf die eigenen Ohren vertraut. Meine Erfahrung hat allerdings gezeigt, dass die Ohren schon ganz richtig liegen. Aber das Ausprobieren ist nie falsch – und noch dazu lecker und es dient der Entspannung, denn es gibt Sicherheit und macht zufrieden und satt.
Deshalb habe ich bei meinen Rezepten immer einen Hinweis in Form einer Grafik eingebaut, wie viele Briketts ich für das jeweilige Gericht vorschlagen würde, sowohl auf dem Deckel als auch unter dem „Dopf“. Je nach Qualität und Verfügbarkeit von Briketts und Kohlen kann das variieren – und deshalb sollte man sich auf alle Fälle von der sklavischen Umsetzung des Gedruckten befreien und sich auf sein Bauchgefühl verlassen, auch wenn dazu die Ohren notwendig sind …

Einige Ausnahmen kennt auch diese Regel. Und zwar dann, wenn es um Brot oder Kuchen geht, aber auch, wenn ein Pulled Pork auf dem Plan steht, bzw. im Topf liegt. In diesen Fällen ist eine genaue Temperatur für das Ergebnis von Vorteil.

Wichtig war mir auch, dass die Rezepte weder kompliziert noch aufwendig sind und alle, die gerne mit dem Dutch Oven kochen, möglichst schnell zum Ziel und an den Teller kommen. Deshalb habe ich mit Ausnahme des Pulled Porks – das irgendwie immer dazugehört – auch auf zeit- und sehr zutatenintensive Gerichte verzichtet, dafür aber eine Liste zusammengestellt mit Dingen, die man möglichst immer zu Hause haben sollte, um ganz spontan „dopfen“ zu können.

Viel Spaß und guten Appetit!
Marco Ringpfeil

Die Geschichte des DUTCH OVENS

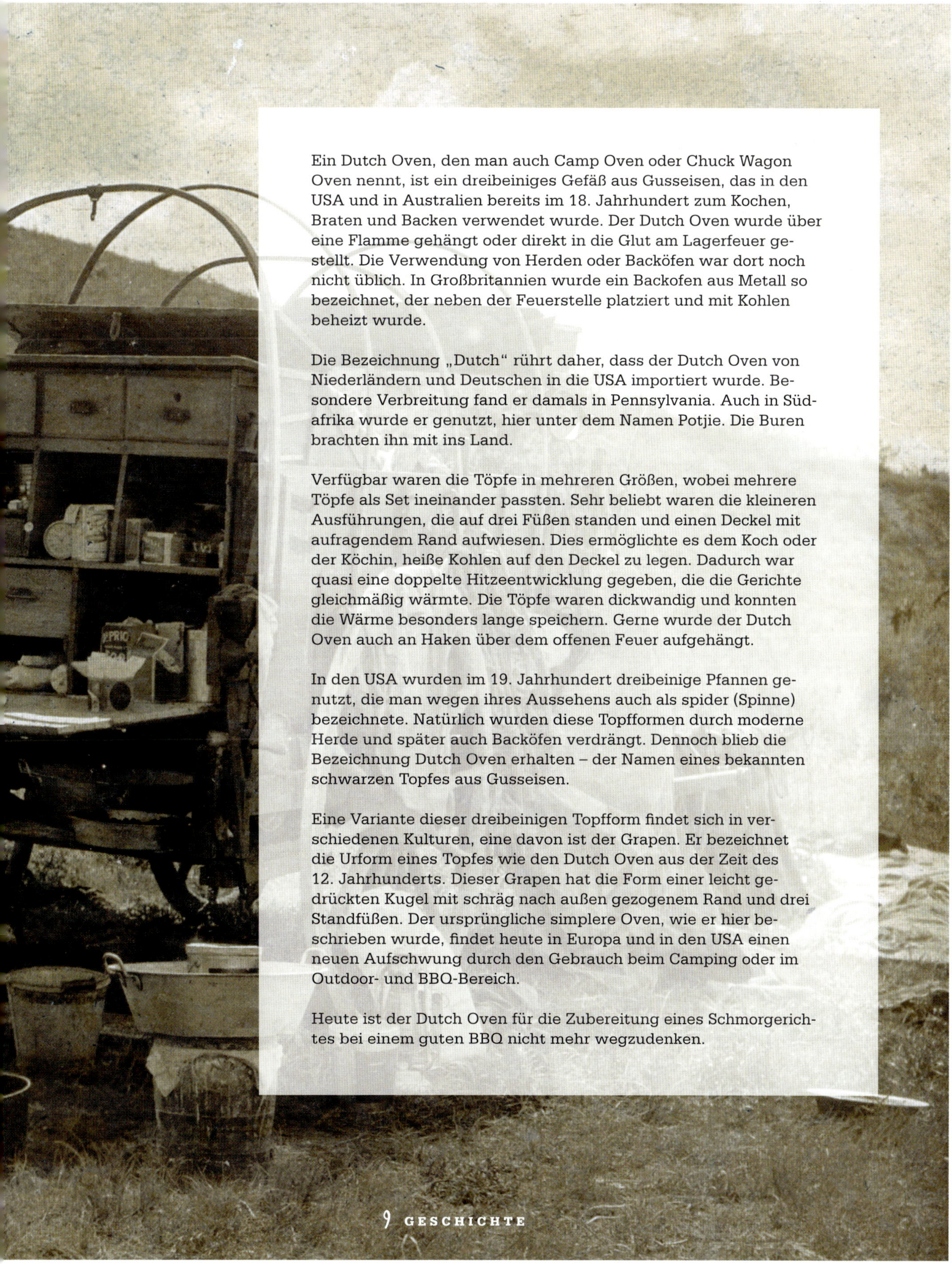

Ein Dutch Oven, den man auch Camp Oven oder Chuck Wagon Oven nennt, ist ein dreibeiniges Gefäß aus Gusseisen, das in den USA und in Australien bereits im 18. Jahrhundert zum Kochen, Braten und Backen verwendet wurde. Der Dutch Oven wurde über eine Flamme gehängt oder direkt in die Glut am Lagerfeuer gestellt. Die Verwendung von Herden oder Backöfen war dort noch nicht üblich. In Großbritannien wurde ein Backofen aus Metall so bezeichnet, der neben der Feuerstelle platziert und mit Kohlen beheizt wurde.

Die Bezeichnung „Dutch" rührt daher, dass der Dutch Oven von Niederländern und Deutschen in die USA importiert wurde. Besondere Verbreitung fand er damals in Pennsylvania. Auch in Südafrika wurde er genutzt, hier unter dem Namen Potjie. Die Buren brachten ihn mit ins Land.

Verfügbar waren die Töpfe in mehreren Größen, wobei mehrere Töpfe als Set ineinander passten. Sehr beliebt waren die kleineren Ausführungen, die auf drei Füßen standen und einen Deckel mit aufragendem Rand aufwiesen. Dies ermöglichte es dem Koch oder der Köchin, heiße Kohlen auf den Deckel zu legen. Dadurch war quasi eine doppelte Hitzeentwicklung gegeben, die die Gerichte gleichmäßig wärmte. Die Töpfe waren dickwandig und konnten die Wärme besonders lange speichern. Gerne wurde der Dutch Oven auch an Haken über dem offenen Feuer aufgehängt.

In den USA wurden im 19. Jahrhundert dreibeinige Pfannen genutzt, die man wegen ihres Aussehens auch als spider (Spinne) bezeichnete. Natürlich wurden diese Topfformen durch moderne Herde und später auch Backöfen verdrängt. Dennoch blieb die Bezeichnung Dutch Oven erhalten – der Namen eines bekannten schwarzen Topfes aus Gusseisen.

Eine Variante dieser dreibeinigen Topfform findet sich in verschiedenen Kulturen, eine davon ist der Grapen. Er bezeichnet die Urform eines Topfes wie den Dutch Oven aus der Zeit des 12. Jahrhunderts. Dieser Grapen hat die Form einer leicht gedrückten Kugel mit schräg nach außen gezogenem Rand und drei Standfüßen. Der ursprüngliche simplere Oven, wie er hier beschrieben wurde, findet heute in Europa und in den USA einen neuen Aufschwung durch den Gebrauch beim Camping oder im Outdoor- und BBQ-Bereich.

Heute ist der Dutch Oven für die Zubereitung eines Schmorgerichtes bei einem guten BBQ nicht mehr wegzudenken.

Faszination „Dopfen“

Tipps zum Equipment

Jeder, der in den Bann des Dutch Ovens gerät und entdeckt, wie herrlich das Zubereiten der Speisen sein kann, steht vor vielen Fragen und manchmal auch etwas Angst. Diese Unsicherheit möchte ich gerne vertreiben.

Die Nutzung des Dutch Ovens ist kein Hexenwerk und keine Zauberei. Das Credo lautet eigentlich nur: machen und benutzen.

Leichter gesagt als getan. Auf was muss ich achten und welcher „Dopf“ sollte es sein?

Die Auswahl des richtigen DUTCH OVENS

Eine der ersten Fragen, die sich stellen, ist die Auswahl des Dutch Ovens. Welcher Hersteller und welche Größe „muss“ es sein? Ich persönlich kann nur sagen, dass es fast egal ist, mit welcher Größe man startet, die kleinen schwarzen Töpfe vermehren sich rasend schnell. Versprochen.

Gestartet habe ich mit einem günstigen Set, das es immer wieder mal im Angebot gibt. Schön verpackt in einer handlichen Holzkiste und mit allem, was man zum Testen braucht. Dutch Oven, Gusspfanne, Grillplatte fürs Feuer oder den Grill und ein Stieltopf gehören dort zur ersten Ausrüstung. Es sind keine Markenartikel und die Verarbeitung steht in angemessenem Verhältnis zum relativ günstigen Preis. Mit diesem Set lässt sich wunderbar ausprobieren, ob das „Dopfen“ überhaupt die kulinarische Outdoor-Disziplin ist, der man sich zukünftig öfter mal widmen möchte.

Wenn das Feuer entfacht ist und man merkt, dass es die neue Leidenschaft werden wird, dann schweifen die Blicke sicherlich auch schnell in Richtung Markenhersteller. Hier ist der Preis zwar höher, aber die Verarbeitung auch deutlich besser. Nicht nur die Deckel schließen dicht, auch die Oberfläche ist sauber verarbeitet. Das ist dann der „Dopf“ fürs Leben. Wer seinen Topf „offline“ – also bei einem Händler vor Ort kauft, kann direkt prüfen, ob der Deckel dicht verschließt, nicht wackelt und sauber verarbeitet ist. Gerade die Dichtigkeit ist wichtig, um einem Wärmeverlust vorzubeugen.

Bei den Größen spielte die erste Erfahrung aus dem Starterset eine große Rolle. Der enthaltene Dutch Oven hat eine Größe von 4,5 l und diese Größe ist bei mir der am meisten gebrauchte Topf für vier Personen. Er wäre daher auch die Empfehlung für den Einstieg. Hier passt nicht nur die Füllmenge, sondern auch der Preis. Und aus eigener Erfahrung weiß ich, dass es bei dem einen Topf nicht bleiben wird, es kommt sicherlich noch der ein oder andere dazu … Versprochen!

Die ersten Schritte mit dem DUTCH OVEN

Nur Mut! Die Handhabung ist wirklich sehr einfach und es kann kaum etwas richtig schiefgehen.

Vor der ersten Nutzung wird das neu erworbene Prachtstück erst mal gründlich mit heißem Wasser und einem weichen Tuch ausgewaschen und ordentlich abgetrocknet. Noch was: Niemals, aber auch wirklich niemals Spülmittel verwenden!

In der Regel sind alle Dutch Oven bereits ab Werk eingebrannt und können sofort genutzt werden. Die Patina, also die schwarze Schicht auf dem „Dopf“, ist jedoch noch sehr dünn. Am besten beginnt man also mit einem Gericht, das nur wenig Säure hat. Als Klassiker bieten sich Schichtfleisch oder ein deftiger Eintopf an.

Das richtige ZUBEHÖR

Das Kochen, Backen und Schmoren im Dutch Oven ist nicht schwer. Doch gibt es ein paar Zubehörteile, die man unbedingt haben muss und auch solche, die einem das Leben deutlich erleichtern.

Kohlenschaufel

Eine kleine Kohlenschaufel gibt es in jedem Baumarkt für sehr kleines Geld. Sie erleichtert das Entsorgen der Asche nach dem „Dopfen“. Man kann mit ihr auch sehr bequem die Briketts in den Anzündkamin füllen.

Handschuhe

Guss wird sehr heiß und leitet die Wärme extrem gut. Das ist zum Garen und Kochen ein absoluter Pluspunkt. Doch wenn man den Dutch Oven mal bewegen möchte, braucht man ordentliche, feuerfeste Handschuhe. Am besten aus einem dicken, festen Leder. Da kann nichts schmelzen und die Finger bleiben immer sicher und geschützt.

Deckelheber

Der Deckelheber ist das wichtigste Tool beim Arbeiten mit dem Dutch Oven. Ohne ihn ist das Anheben des Deckels fast unmöglich, es sei denn, man findet zufällig einen in der Größe und im Krümmungswinkel passenden Metallhaken. Aber die Sucherei kann man sich eigentlich ersparen, indem man direkt das Gerät der ersten Wahl nimmt … Es eignet sich nicht nur zum Anheben des Deckels, sondern auch, um die Briketts unter dem Topf richtig zu positionieren.

Kohlenzange

Eine der vielen Varianten der Kohlenzange.

ORIGINAL
petromax
GERMANY
ft9

Messer

So sehr man beim „Dopfen“ auch improvisieren und die berühmten Fünfe mal gerade sein lassen kann – ein scharfes Messer ist unabdingbar.

Ringreiniger

Mit einem Ringreiniger aus Edelstahl lassen sich Essensreste und Angebranntes nach Abkühlen des Topfes schonend und ohne Rückstände entfernen.

Thermometer

Bei einigen Gerichten muss man die Kerntemperatur überprüfen, um seine Gäste sowohl vor noch nicht zu Ende gegarten wie auch vor übergarten Gerichten zu bewahren. Hier ein Einstichthermometer, das schnell und präzise die Kerntemperatur misst. Natürlich kann man auch ein digitales Modell mit externem Fühler oder ein preiswertes analoges verwenden. Hauptsache, die Temperatur wird zuverlässig angezeigt.

Kohlenzange

Mit einer griffigen Kohlenzange kann man die glühenden Briketts direkt aus dem Anzündkamin nehmen und gezielt auf und unter dem Dutch Oven platzieren. Beim Kauf darauf achten, dass die Zange sich gut halten lässt, sodass man sie fest in der Hand hat und nichts Glühendes herunterfallen kann.

Anzündkamin

Einfach die benötigte Anzahl Briketts in den Anzündkamin geben und diesen von unten mit einem Grillanzünder oder einem kleinen Holzfeuer anheizen. Durch den Kamineffekt zieht die heiße Luft im Kamin nach oben und glüht so alle Briketts durch. Wenn alle Briketts durchgeglüht sind, kann man sie direkt nutzen.

TIPPS
für die Dutch-Oven-Küche

Die Grundausstattung einer Dutch-Oven-Küche

Neben Zutaten wie Fleisch und Gemüse sollte immer ein kleiner Vorrat an Gewürzen und Gewürzmischungen wie Salz, Pfeffer, Klassiker an Grill- und BBQ-Gewürzen wie Magic Dust, ein gutes Olivenöl, BBQ-Saucen und Zwiebeln und Kartoffeln im Haus sein. Diese Zutaten werden bei sehr vielen Gerichten benötigt und wenn man sie immer auf Lager hat, dann steht einem spontanen „Dopfen“ nichts im Wege. Außerdem lädt die kleine Vorratskammer dazu ein, mal selbst zu improvisieren …

ZUM EINHEIZEN
Kohlen oder Briketts?

Es gibt verschiedene Möglichkeiten, einen Dutch Oven einzuheizen. Man kann Holzkohlen verwenden, die eine kurze, kräftige Hitze abgeben und in der Regel aus einem bereits brennenden Lagerfeuer genommen werden. Diese Art ist für Suppen oder leichte Eintöpfe keine schlechte Idee, erfordert jedoch ein permanentes Nachlegen der Kohlen und sehr viel Aufmerksamkeit, damit nichts verbrennt. Deshalb ist es einfacher und angenehmer, Grillbriketts zu verwenden. Die Briketts bestehen aus gepresstem Kohlenstaub und haben im Gegensatz zu normaler Holzkohle eine deutlich längere Brenndauer bei gleichbleibender Hitze. Bei den Briketts ist es wichtig, darauf zu achten, dass man nur solche verwendet, die ohne Füllstoffe oder chemische Bindemittel hergestellt sind. Von guter Qualität sind Briketts von ProFagus, die in fast jedem guten Baumarkt oder im Supermarkt erhältlich sind.

Die Luxusversion der herkömmlichen Briketts ist eine Neuentwicklung von Petromax mit dem Namen Cabix Plus. Diese Briketts sind speziell für den Dutch Oven entwickelt worden und haben neben der sehr langen Brenndauer und der hohen Hitzentwicklung noch den Vorteil, dass sie durch ihre Form perfekt unter den Dutch Oven passen und auf dem Deckel liegend die Hitze besser an den Dutch Oven abgeben können. Cabix Plus werden aus natürlichen Rohstoffen – den Resten der Kokosmilchproduktion – hergestellt und sind CO_2-neutral. Sie brechen nicht so schnell wie herkömmliche Briketts und können nach dem Ablöschen nochmals entzündet und genutzt werden.

Durchgeglühte
herkömmliche
Briketts

Cabix Plus auf dem Deckel …

… und unter dem Topf

EINHEIZEN

Beim „Dopfen“ ist es wie bei den meisten Dingen im Leben – viele Wege führen zum Ziel. Da die Gerichte in diesem Buch alle mit Briketts zubereitet sind, zeigen wir hier im Überblick, wie das mit dem Einheizen geht.

So passt es für die meisten Gerichte: 9 Briketts auf dem Deckel eines 4-Liter-Topfes und 6 unten drunter

Und wenn’s mal richtig heiß werden muss: 14 bis 15 Briketts auf den Deckel und 7 unter den Topf

Durchgeglühte Briketts, fertig für den Einsatz

BRIKETTS in Aktion

DIE RICHTIGE PFLEGE UND REINIGUNG

Auch, wenn es nicht schwer ist, Angehaftetes oder Verbranntes aus dem „Dopf" zu lösen oder auch die Patina wiederherzustellen – ein bisschen Pflege braucht er doch, der „Dopf".

Dutch Oven sind eigentlich pflegeleicht, wenn man ein paar Dinge beherzigt. Der „Dopf" sollte stets an einem trockenen Ort und niemals mit geschlossenem Deckel gelagert werden. Am besten legt man den Deckel versetzt auf den Topf, dann kann er „atmen".

Jeder Dutch Oven sollte immer gut gefettet oder geölt sein, aber nur hauchdünn. Also auf keinen Fall so sehr einfetten, dass man bei der Nutzung dann einen glitschigen Topf in der Hand hält. Es gibt verschiedene Öle oder Pflegepasten zur Auswahl. Wichtig ist vor allem, ein Öl zu benutzen, das hoch erhitzbar ist und nicht ranzig wird. Das wäre einer der schlimmsten Fälle ... Ist der Dutch Oven mit ranzigem Öl „kontaminiert", lässt er sich nur sehr schwer wieder von diesem Grundgeruch und -geschmack befreien.

Ich empfehle immer Biskin aus dem Supermarkt oder ein einfaches Trennspray, wenn klar ist, dass der Dutch Oven nicht lange lagert und regelmäßig gebraucht wird. Für das langfristige Einlagern eignen sich diese Öle und Fette zwar auch, wer hier jedoch ganz sicher gehen will, sollte die Einbrenn- und Pflegepaste von Petromax verwenden. Man weiß nie, wie feucht es im Gartenhaus oder in der Grillecke im Winter wird ... und manchmal regnet es ja auch rein.

Die Reinigung

Wenn die Zubereitung des Gerichtes gelungen ist, muss man den Dutch Oven eigentlich nur gründlich mit heißem Wasser auswaschen und mit einem weichen Lappen und Trennspray oder Pflegepaste dünn einfetten. Das geht am besten, wenn der Dopf nach dem Auswaschen noch schön warm ist. Zum Schluss einfach mit einem Küchentuch das überschüssige Fett, bzw. Öl abwischen, dann kann der Topf weggepackt werden.

Sollte doch einmal etwas angebrannt oder am Boden haften geblieben sein, dann ist es zwar etwas mehr Aufwand, aber immer noch kein Hexenwerk.
Der Topf sollte eingeweicht werden, dann kann man mit einem Schlesinger (Kunststoffschaber) einfach die Reste

herauskratzen. Alternativ nimmt man einen Ringreiniger zum Entfernen von Speiseresten. Damit lässt sich fast alles entfernen und die Patina bleibt erhalten. Wenn sich alles gelöst hat, behandelt man den „Dopf" vor dem Einlagern einfach so, wie oben beschrieben.

Der Extremfall

Es kann immer passieren, dass etwas völlig in die Hose geht. Ja, das passiert mir auch manchmal. Wenn man den „Dopf" einfach vergessen oder mit zu viel Hitze unten drunter gearbeitet hat. Keine Panik, der Dutch Oven muss jetzt nicht entsorgt werden. Wenn etwas richtig festgebrannt ist, kommt etwas Wasser in den Topf und dann ab damit auf die Glut. Das Wasser lässt man nun richtig kochen und wenn sich dabei nicht alles löst, dann lässt man es ganz verkochen. In dem Moment, in dem der Dutch Oven von innen trocken wird, löst sich in den allermeisten Fällen alles, was angebrannt ist. Man sollte allerdings unbedingt dabei bleiben, denn wenn ein leerer Dutch Oven längere Zeit auf der Glut steht, besteht die Gefahr, dass die Patina zerstört wird. Wenn sich alles gelöst hat und der „Dopf" dann wieder sauber ist, kann es sein, dass die Patina am Boden in Mitleidenschaft gezogen ist. Jetzt empfiehlt es sich, den Dutch Oven neu einzubrennen.

Zum Einbrennen wird der „Dopf" gereinigt und gründlich eingefettet. Hier darf es dann gerne ein bisschen mehr Fett, bzw. Öl sein. Im besten Fall steht ein Grill in der Nähe, auf dem man den Topf einbrennen kann. Sollte dies der Fall sein, heizt man ihn auf mindestens 200 °C bei indirekter Hitze ein und platziert den gefetteten Dutch Oven mit der Öffnung nach unten auf dem Grill, wo er für gut zwei Stunden einbrennt. Das Fett, bzw. Öl wird dabei stark erhitzt und verdampft. Das was bleibt ist eine neue, wunderbare schwarze Patina. Aber Achtung: Das Einbrennen des Dutch Ovens im Backofen sollte man tunlichst vermeiden, nicht nur wegen der Rauchwolke, die dabei entsteht. Der Geruch verabschiedet sich nur sehr schwer wieder aus der Wohnung, deshalb ganz einfach immer nach draußen gehen zum Einbrennen!

SUPPEN UND EINTÖPFE

Die Käse-Lauchsuppe ist ein Klassiker der Suppenküche. Herzhaft, würzig und cremig in einem. Diese Suppe passt fast immer und besonders an kalten Tagen wärmt sie herrlich von innen.

15 zum Anheizen

5 4 Liter 5

KÄSE-LAUCHSUPPE

700 g Rinderhack
4 Stangen Lauch
4 Zwiebeln
500 ml Gemüsebrühe
200 ml Weißwein
150 g Crème fraîche
200 g Schmelzkäse
200 g Cheddar, gerieben
1 TL Chilipulver
1 TL Paprika
100 g Champignons
2 Knoblauchzehen
etwas Salz
etwas Pfeffer
etwas Olivenöl

Für ca. 4 Personen

1 Das Hackfleisch im sehr heißen Dutch Oven in etwas Olivenöl kräftig anbraten, dann die gewürfelten Zwiebeln, den in Ringe geschnittenen Lauch, den gehackten Knoblauch und die in Scheiben geschnittenen Champignons zugeben. Mit Weißwein und der Gemüsebrühe ablöschen. So lösen sich die Röstaromen vom Anbraten und die Suppe bekommt eine schöne, würzige Grundlage. Alles zusammen noch einmal aufkochen lassen.

2 Nun den Käse nach und nach in die kochende Flüssigkeit geben und schön zerlaufen lassen. Ich empfehle, mit dem schon weichen Schmelzkäse anzufangen. Wenn der ganze Käse gut verrührt ist, das Paprika- und Chilipulver zugeben und mit Salz und Pfeffer abschmecken.

3 Die Käse-Lauchsuppe kann man entweder sofort genießen oder man lässt sie richtig schön lange einkochen. In diesem Fall kann es sein, dass man von Zeit zu Zeit etwas Wasser nachgießen muss, damit sie nicht zu dickflüssig wird und anbrennt. Je länger alles miteinander kocht, desto besser wird die Suppe am Ende. Direkt vor dem Servieren die Crème fraîche unterrühren und anrichten.

Ein deftiger Eintopf ist an kalten, regnerischen Herbsttagen genau das richtige. Und wenn es was Leckeres zu essen gibt, dann trotzt man bekanntlich auch gerne mal dem Wetter …

KARTOFFEL-EINTOPF

12

4 Liter

7

8 mittelgroße Kartoffeln, gewürfelt
400 g weiße Bohnen
1 Bund Suppengrün, kleingeschnitten
3 Lorbeerblätter
2–3 Würstchen, geräuchert oder luftgetrocknet, in Scheiben geschnitten
2 Scheiben durchwachsenes Kassler, gewürfelt
1 l Gemüsebrühe
Salz & Pfeffer

Für 4–5 Portionen

1 Die Brühe in den Dutch Oven gießen, sämtliche Zutaten hineingeben und das Ganze zum Kochen bringen. Alles so lange köcheln lassen, bis die Briketts fast aufgebraucht sind. Das dauert etwa 2 ½–3 Stunden. Zwischendurch immer mal umrühren, damit nichts ansetzt und zum Schluss mit Salz und Pfeffer abschmecken.

2 Dieser Kartoffeleintopf lässt sich gut vorbereiten und immer wieder im Dutch Oven aufwärmen.

Eintöpfe und Suppen sind an kalten Tagen ein wunderbar wärmendes Gericht. Die Linsensuppe mit kräftigen Einlagen ist eines der Highlights aus dieser Riege.

LINSENEINTOPF

300 g Linsen, über Nacht eingeweicht
2 Zwiebeln, klein gewürfelt
1 Bund Suppengemüse, kleingeschnitten
1 EL Bohnenkraut
200 g Kartoffeln, klein gewürfelt
2 Lorbeerblätter
4 Scheiben Räucherspeck
4 Rauchenden (oder Kassler, oder beides!)
500 ml Gemüsebrühe
500 ml Rinderbrühe
Salz & Pfeffer

Für ca. 4 Portionen

1 Wenn keine Zeit war, die Linsen zu wässern, verlängert sich die Zubereitungszeit um 3–4 Stunden und es kann passieren, dass einige noch immer einen sehr festen Biss haben. Besser ist es also auf alle Fälle, sie vorher einzuweichen.

2 Die Zwiebeln in den „Dopf“ geben und kurz anschwitzen. Wenn sie schön glasig sind, folgen Suppengemüse, Brühe, Linsen und das Bohnenkraut. Alles einmal kurz aufkochen lassen und dann die Lorbeerblätter, den in Streifen geschnittenen Speck und die genauso vorbereiteten Rauchenden hinzugeben. Das Ganze sollte jetzt für 1 ½–2 Stunden kochen. Erst nach den 2 Stunden kommen die Kartoffeln zum Garen hinzu. Mit Salz und Pfeffer abschmecken – manchmal ist wegen der Rauchenden und des Räucherspecks auch gar kein Salz mehr nötig.

3 Wer mag, kann die Linsensuppe dann nach Westfälischer Art anrichten und in jeden Teller einen Esslöffel Zucker und einen Esslöffel Essig geben.

Rosenkohl spaltet die Nation. Der eine liebt ihn, der andere hasst ihn. Mit diesem herzhaften und würzigen Eintopf lohnt es sich, einen Brückenschlag zu versuchen …

9

4 Liter

6

ROSENKOHLEINTOPF

1 kg Rosenkohl
750 g Kartoffeln
1 große Zwiebel
2–4 Rauchenden (Cabanossi)
1,2 l Gemüsebrühe
100 g Crème fraîche
100 g Schinkenspeck
1 EL Butter
Salz & Pfeffer

Für ca. 4 Portionen

1 Den Rosenkohl waschen und putzen. Damit der Kohl schön gleichmäßig gart und der kleine Strunk nicht zu hart bleibt, schneidet man ihn mit einem Küchenmesser einmal über Kreuz ein. So gart der Strunk schneller und wird schön zart. Die Kartoffeln waschen, schälen und in Stücke schneiden.

2 Nun die Zwiebel und den Schinkenspeck würfeln und im Dutch Oven mit etwas Butter anbraten. Dazu alle 15 Briketts unter den Dutch Oven legen. Wenn der Bacon schön knusprig und die Zwiebeln goldbraun sind, mit der Brühe ablöschen und den Rosenkohl und die Kartoffeln zugeben. Das Ganze sollte jetzt für etwa 30 Minuten garen. Jetzt müssen die Briketts aufgeteilt werden: 9 auf und 6 unter den Topf.

3 Nach einer halben Stunde die kleingeschnittenen Würste in den Eintopf geben und alles bei kleiner Hitze nochmal 15 Minuten weiterkochen lassen.

4 Vor dem Servieren wird der Rosenkohleintopf mit Salz und Pfeffer abgeschmeckt und mit einem kleinen Löffel Crème fraîche garniert.

Wer kennt sie nicht, die berühmten Beans aus dem Dutch Oven, der Gusspfanne oder noch besser: die Bohnen von Bud Spencer. Die Beans gehören zu vielen Gerichten als Beilage einfach dazu. Oder als kleine, deftige Vorspeise.

TEXAS BEANS

4 Liter

9

- 2 kleine Dosen à 400 g Heinz Baked Beans
- 2 kleine Dosen à 400 g Heinz Baked Chili Beans
- 100 g Bacon in Würfeln
- 2 Zwiebeln, gewürfelt
- 50 ml Ahornsirup
- 2 EL würzige oder scharfe BBQ-Sauce nach Wahl
- 100 g Schmelzkäse
- je 1 Prise Salz & Pfeffer zum Abschmecken

Für ca. 4 Portionen

1 Die Zubereitung dieser leckeren, leicht scharfen und würzigen Beans ist ein Kinderspiel. Zunächst muss der Dutch Oven ordentlich eingeheizt werden. Wenn er seine Temperatur hat, den Bacon hineingeben und auslassen. Dann die Zwiebeln zugeben und ein paar Minuten schmoren.

2 Wenn die Zwiebeln schön glasig sind, alle anderen Zutaten hinzugeben und alles zusammen unter leichtem Rühren kurz aufkochen lassen. Wenn der Schmelzkäse sich vollständig aufgelöst hat, sollten die Beans fertig sein und die richtige Konsistenz haben. Ich nenne es mal „leicht schlotzig“. Nicht zu dünn aber auch nicht zu dickflüssig. Jetzt das Ganze mit Salz und Pfeffer abschmecken und am besten direkt aus dem Dutch Oven genießen. Der ideale Begleiter ist das Bauernbrot (s. Seite 114) oder das Bannock – Brot der Cowboys (s. Seite 122).

3 Einfach ausprobieren – die Beans passen auch zu vielen anderen Gerichten, ich mag sie ganz besonders zu Spareribs.

Auch im Dutch Oven ist der als Französische Zwiebelsuppe bekannte Schmaus ganz einfach zuzubereiten.

9

4 Liter

6

ZWIEBELSUPPE MIT KÄSE

700 g Zwiebeln, geschält
3 EL Olivenöl
3 Knoblauchzehen, gehackt
1 TL Zucker
2 TL Thymian, gehackt
2 EL Mehl
250 ml trockener Weißwein
2 l Gemüsebrühe
Salz
300 g Gruyère, gerieben
Thymianzweige zum Garnieren

Für 4–5 Portionen

1 Die Zwiebeln in dünne Ringe schneiden und unter gelegentlichem Rühren in etwas Olivenöl anschwitzen. Hierfür am besten 9 Briketts unter den Topf legen. Sobald die Zwiebeln etwas Farbe genommen haben, den Knoblauch, den Zucker , etwas Salz und den Thymian zugeben.

2 Wenn alles leicht eingekocht ist und die Kräuter mit angeröstet sind, etwas Mehl zum Abbinden hinzugeben. Das Mehl möglichst schnell einrühren, damit es nicht zu dunkel wird und anbrennt. Mit dem Wein ablöschen und dann die Brühe angießen. Sollte sich beim Aufkochen etwas Schaum bilden, diesen mit einem Löffel abschöpfen. Das Ganze nun etwa 45 Minuten mit 9 Briketts oben und 6 Briketts unten köcheln lassen.

3 Ganz zum Schluss, wenn alles für ca. 45 Minuten geköchelt hat, den Käse vorsichtig oben auf die Suppe geben und diesen bei geschlossenem Deckel mit 9 Briketts darauf schmelzen lassen. Wenn der Käse vollständig zerlaufen ist, kann die Suppe serviert werden.

4 Als perfekte Beilage empfehle ich ein frisches Baguette.

Die Suppe eignet sich als schnelle Vorspeise oder als kleiner Snack im Sommer.

TOMATENSUPPE

9
4 Liter
6

2 Dosentomaten à 400 g, geschält und geviertelt, alternativ ca. 1 kg kleingeschnittene frische Tomaten
1 Hand voll Basilikumblätter
1 Zwiebel
1 Knoblauchzehe
Salz & Pfeffer nach Geschmack
1 EL Crème fraîche
2 EL Olivenöl

Für 3–4 Portionen

1 Das Basilikum in feine Streifen schneiden, die Zwiebel würfeln und den Knoblauch fein hacken. Die Tomaten und die Zwiebeln in den Dutch Oven geben und mit Salz, Pfeffer und Knoblauch würzen. Alles miteinander verrühren und die Suppe etwa 30 Minuten gut durchkochen.

2 Am Ende etwas Olivenöl und Crème fraîche hinzugeben, alles noch einmal aufkochen lassen, mit dem Basilikum dekorieren und dann direkt servieren.

In ein richtiges Irish Stew gehört eigentlich Lammfleisch. In dieses Stew kommt allerdings das „massentauglichere" Rindfleisch, weil der intensive Geschmack des Lammfleischs nicht jedermanns Sache ist.

9
4 Liter
6

DUTCH-OVEN-STEW

1 kg Rindergulasch
250 g gewürfelter Speck
2 Zwiebeln
250 g Karotten
500 g Kartoffeln
je 1 gelbe und grüne Paprika
150 g Sellerie
Salz & Pfeffer
Öl zum Anbraten
150 ml Sojasauce
75 ml Worcestershiresauce
100 ml Wasser
Tabasco nach Geschmack

Für 4–5 Portionen

1 Zum Anbraten des Specks und des Fleisches kommen zunächst alle Briketts unter den Topf. Wenn das Fleisch schön Farbe angenommen hat, mit etwas Wasser ablöschen. Das Gemüse und die Kartoffeln in mundgerechte Stücke schneiden und zusammen mit den beiden Saucen in den Topf geben.

2 Nun den Deckel auflegen, 9 Briketts auf und 6 Briketts unter den Topf legen und das Stew etwa 1 ½ Stunden garen lassen. Zwischendurch immer mal durchrühren. Sobald das Gemüse gar und das Fleisch zart ist, kann angerichtet werden. Zuvor noch mit Pfeffer, Salz und Tabasco abschmecken. Gerne mit einem Brot als Beilage servieren.

Kürbissuppen sind besonders im Herbst ein wahrer Genuss. Schnell gezaubert als Vorspeise oder als kleines Hauptgericht immer ein Erlebnis.

SCHNELLE KÜRBISSUPPE

1 kg Kürbisfleisch vom Hokkaido
250 g Karotten
500 g Kartoffeln
2 Zwiebeln
2 EL Butter
1 l Gemüsebrühe
150 g Crème fraîche zum Dekorieren
Salz & Pfeffer

Für 4–5 Portionen

1 Den Kürbis mit der Schale in Spalten und dann in grobe Würfel schneiden. Kartoffeln, Karotten und Zwiebeln schälen und ebenfalls würfeln. 6 Briketts unter den Topf legen und die Zwiebeln in etwas Butter andünsten. Dann die Brühe angießen und aufkochen und zuletzt die Kürbis-, Karotten- und Kartoffelwürfel zugeben. Nun ordentlich salzen und pfeffern.

2 Den Deckel auf den Topf legen und das Ganze etwa 20–30 Minuten garen lassen, dazu noch 9 Briketts auf dem Deckel platzieren. Zum Schluss alles pürieren und noch einmal abschmecken. Alles zusammen braucht zum Garen ca. 20–30 Minuten mit 9 Briketts auf dem Deckel und 6 unter dem Dutch Oven. Ganz zum Schluss alles pürieren und noch einmal abschmecken. Zum Servieren etwas Créme fraîche auf die Suppe geben.

Ein bisschen retro, aber immer noch lecker ... DIE Party-Suppe der 80er-Jahre.

OMAS PIZZASUPPE

9

4 Liter

6

500 g gemischtes Hackfleisch
2 Zwiebel
1 Dose Champignons
1 Dose Mais
2 Paprikaschoten
200 g Sahneschmelzkäse
200 ml Sahne
800 g Tomaten in Stücken mit Kräutern aus der Dose oder dem Tetrapack
750 ml Gemüsebrühe
Salz, Pfeffer und Oregano
1 EL Olivenöl
evtl. Parmesan

Für 5–6 Portionen

1 Alle Briketts unter den Topf legen und die gewürfelten Zwiebeln und das Hackfleisch in etwas Olivenöl anbraten. Dann die gewürfelten Paprikaschoten, den Mais und die Champignons zugeben. Alles kurz mit braten lassen und dann mit der Brühe ablöschen.

2 Dann folgen alle anderen Zutaten, bis auf den Käse. Die Suppe mit Salz, Pfeffer und Oregano abschmecken, noch 10–15 Minuten köcheln lassen und dann den Käse einrühren.

Der Pfundstopf gehört zur „alten Küche“ und ist in vielen Haushalten bereits in Vergessenheit geraten. Als Klassiker der 80er Jahre war es DAS Gericht auf Feiern und Festen. Mit dem Dutch Oven erlebt der Pfundstopf seine Wiedergeburt.

15

8 Liter

9

PFUNDSTOPF

400 g Tomaten aus der Dose, gewürfelt
500 g Räucherbauch
500 g Zwiebeln
500 g Gulasch vom Schwein
500 g Gulasch vom Rind
500 g Paprikaschoten, grüne und rote
500 g Hackfleisch
500 g Kassler
2 Flaschen Schaschlik-Sauce à 250 ml
400 ml süße Sahne

Für ca. 10–12 Portionen

1 Die Zubereitung des Pfundstopfes ist sehr einfach. Man muss nichts anbraten, sondern einfach nur „einfüllen“. Als erstes kommen die Tomaten in den „Dopf“, dann folgen alle weiteren Zutaten in vorher gewürfelten Stücken, mit Ausnahme des Hackfleischs, das etwas „gerupft“ wird. Nun wird alles in dieser Reihenfolge übereinander geschichtet: Räucherbauch, Zwiebeln, Gulasch vom Schwein, Gulasch vom Rind, Paprikaschoten, Hackfleisch und Kassler. Zum Schluss die Sahne und die beiden Flaschen Schaschlik-Sauce darüber geben. Das ist alles.

2 Den Deckel auflegen und das Ganze für 3–3 ½ Stunden garen lassen. Während der letzten halben Stunde sollte man den Deckel etwas öffnen, damit alles etwas einkochen kann und nicht zu viel Flüssigkeit im Topf bleibt.

3 Als Beilage empfehle ich einen gemischten Salat und Baguette.

ALLERLEI ANDERE

HAUPT-GERICHTE

Besonders an kalten und rauen Tagen ist ein echtes Chili con Carne ein beliebtes Gericht, ganz egal, ob es scharf, würzig oder mild zubereitet wird. Wenn das Wetter wieder nicht so will und es regnet oder stürmt, ist die Feuerstelle für den Dutch Oven schnell eingerichtet, die Zutaten eingekauft und das Chili aufgesetzt.

9
4 Liter
6

CHILI CON CARNE

250 g Bacon
4 Zwiebeln, gewürfelt
4 kleine Knoblauchzehen, gewürfelt
1,5 kg gemischtes Hackfleisch oder reines Rinderhack
3 rote Paprika, grob gewürfelt
200 g eingelegte Pfefferschoten, grob geschnitten
1 kleine Dose Mais, ca. 160 g
4 Dosen Kidney-Bohnen, à 250 g
2–3 TL Texas-Chili-Gewürzmischung, alternativ ½ TL Paprika, 2 TL Chiliflocken
Salz & Pfeffer nach Geschmack

Für 10–12 Portionen

1 Wenn die Briketts durchgeglüht sind und der Dutch Oven darauf platziert ist, geht es auch sofort los. Den Dutch Oven kurz auf Temperatur kommen lassen und den in Streifen geschnittenen Bacon darin auslassen. Der Bacon darf etwas knusprig und goldbraun werden.

2 Jetzt folgen die Zwiebeln und der Knoblauch. Bitte immer auf die Temperatur im „Dopf“ achten. Es soll alles gleichmäßig angebraten sein, der Knoblauch darf aber nicht verbrennen. Wenn er schwarz wird, hat das ganze Chili eine bittere Note.

3 Die Grundlage des Chilis ist nun fertig, jetzt kommt das Hackfleisch dazu. Da ich persönlich etwas mehr Brühe und Fett in diesem Gericht mag, habe ich mich für gemischtes Hackfleisch entschieden. Wer reines Rinderhack bevorzugt, gibt am besten etwas gute Butter in den Dutch Oven.

4 Während das Ganze jetzt anbrät und gut 10–15 Minuten brutzelt, ist Zeit, die Paprika und die Pfefferschoten in grobe Stücke zu schneiden. Die Würfel sollten nicht zu klein sein, man möchte ja auch noch etwas zum Beißen haben. Aber die gewünschte Größe ist jedem überlassen. Beide Zutaten wandern dann mit in den „Dopf“.

5 Alles in den Topf geben, danach den Mais und die Bohnen zufügen. Damit man etwas mehr Flüssigkeit bekommt, bei zwei der vier Dosen den Saft mit in den Dutch Oven geben.

6 Alles gut verrühren, gut 10 Minuten köcheln lassen und jetzt zuerst würzen, denn die Zutaten sollen erst ihre Aromen entfalten und sich miteinander verbinden.

7 Würzen und abschmecken kann man entweder mit einer Gewürzmischung oder mit den Einzelgewürzen, das ist Geschmackssache, genauso wie die Dosierung. Wer es milder mag, würzt zurückhaltender, wird ein schärferer Geschmack gewünscht, gibt man etwas mehr Gewürze zu.

8 Nach dem Abschmecken kann man alles mit der angegebenen Anzahl an Briketts noch etwa eine Stunde weiter köcheln lassen.

Dutch-Oven-Ribs sind der Klassiker und nicht nur deshalb äußerst beliebt. Bis heute liebe ich die Ribs direkt vom Smoker mit einem schönen Kirschholz-Raucharoma und Magic Dust. Doch was soll man machen, wenn es mal schnell gehen soll und man keine Lust und Zeit für 3-2-1 Spareribs hat?
Dieser Zeitmangel brachte schnell den Dutch Oven ins Spiel. Muss doch gehen und lecker sein, war mein Gedanke. Also ab zum Metzger des Vertrauens und eine Ladung Spareribs besorgen.

7
4 Liter
5

SPARERIBS

2 kg Spareribs
Magic Dust, Menge nach Geschmack
20 Scheiben Bacon
2 rote Paprika
4 EL BBQ-Sauce
4 EL Ahornsirup
4 EL Thai-Chili-Sauce

Für 4–5 Portionen

1 Die Vorbereitung bleibt auch bei den Spareribs aus dem DO genauso wie bei der Zubereitung im Smoker. Die Silberhaut auf der Rückseite der Spareribs muss entfernt werden. Das geht am einfachsten mit einem Löffel und etwas Küchenpapier. Einfach mit dem Löffelstiel vorsichtig unter die Haut gehen und diese ablösen. Sobald sich das erste Stück gut mit dem Küchenpapier greifen lässt, kann man die Haut komplett abziehen. Die Spareribs nun von beiden Seiten mit Magic Dust würzen und die Mischung gründlich einreiben. Das gewürzte Fleisch muss nicht unbedingt über Nacht ziehen. Da die Spareribs später im eigenen Saft garen, zieht die Gewürzmischung dabei ins Fleisch.

2 Nun den Dutch Oven mit etwa 10 Scheiben Bacon ausgelegen. Darauf werden die Spareribs platziert. Ich habe die Leitern alle in 2–3 Stücke geteilt. So lassen sie sich besser schichten und später auch entnehmen. Jetzt folgen noch die in Würfel geschnittenen Paprika.

3 Jetzt werden die Ribs mit dem restlichen Bacon abgedeckt, dieser dient quasi als „Brandschutz“. Nun folgt als letztes noch eine kleine, feine Mischung aus BBQ-Sauce, Ahornsirup und Thai-Chili-Sauce. Die drei Zutaten einfach vermischen und auf den Bacon geben.

4 Der Dutch Oven ist nun „geladen“ und kann auf die Glut. Bei kleiner Temperatur zum schonenden Garen genügen 12 Briketts. 7 oben und 5 unten.

5 Nach gut 2 Stunden sind die Spareribs fertig. Die Garprobe funktioniert ganz einfach: Man versucht, einen Knochen aus dem kleinen Turm geschichteter Spareribs zu ziehen. Lässt sich der Knochen herausziehen, sind die Ribs gar.

6 Es ist also einfach, schnell und schmackhaft, die Spareribs einmal in den Dutch Oven zu legen und die Glut arbeiten zu lassen.

Auch diese Klassiker sind schnell gemacht – und mit einer herzhaften Sauce passen sie sehr gut zu einer Portion Reis.

GEFÜLLTE PAPRIKA

Für die Paprika

4 ganze Paprika
500 g Hackfleisch, gemischt
1 Zwiebel, gewürfelt
1 TL Salz
2 TL Paprika
1 TL Pfeffer
200 g Cheddar, gerieben

Für die Sauce

800 g Dosentomaten, gewürfelt
½ TL Salz
½ TL Pfeffer
1 TL Rosmarin
1 TL Thymian
½ TL Chilipulver

Für 2–3 Portionen

1 Für die Füllung alle Zutaten mit dem Hackfleisch vermengen und die Masse gründlich durchkneten. Aufpassen, dass alles gut vermischt ist und sich keine Klümpchen bilden.

2 Die Paprika waschen und den oberen Teil mit Stiel – also quasi den Deckel – mit einem scharfen Messer abschneiden und die Kerne entfernen. Den Deckel aufbewahren. Das vorbereitete Hackfleisch auf die vier Paprika verteilen, jede einzelne bis zur Oberkannte füllen und mit Käse bedecken.

3 Für die Sauce die Tomaten mit sämtlichen Gewürzen in den Dutch Oven geben und miteinander verrühren. Dann die gefüllten Paprika in den Topf geben und die Deckel wieder darauf setzen.

4 Die Briketts unter und auf dem Topf verteilen und die Paprika für 1 ½ Stunden garen lassen.

5 Als Beilage empfehle ich ein gutes Brot oder Reis.

Deftig, herzhaft, würzig und saftig – so muss ein richtiger Schmorbraten mit vielen Zwiebeln und einem schönen Bratensaft sein. Im Dutch Oven gelingt er immer und ist schnell und einfach zubereitet.

ZWIEBEL-SCHMORBRATEN

9

4 Liter

6

1 kg Rinderbraten
7–8 Zwiebeln
1 ½ EL Gewürzmischung nach Wahl oder Dutch-Oven-Gewürz (s. Seite 105)
½ l Wasser
Salz & Pfeffer oder wahlweise eine Gewürzmischung

Für 4–5 Portionen

1 Zunächst das Fleisch mit Salz und Pfeffer oder der Gewürzmischung würzen. Das Fleisch sollte dann ein bisschen ziehen. In der Zwischenzeit die Zwiebeln in Ringe schneiden.

2 Nun wird der Dutch Oven eingeheizt. Hierzu zunächst alle Briketts unter den Topf legen und das Fleisch von allen Seiten kräftig anbraten. Die Zwiebelringe zugeben und mit einem halben Liter Wasser ablöschen. Dadurch lösen sich die Röstaromen und es kann nichts mehr anbrennen. Die Zwiebeln garen und geben zusätzlich etwas Wasser ab. So bekommt man später einen leckeren Fond.

3 Den Deckel auf den Dutch Oven legen und die Briketts verteilen. 9 Briketts oben und 6 Briketts unten reichen aus, um den Braten zu garen. Er braucht etwa 2 ½ Stunden, bis er fertig und schön zart ist.

4 Das Fleisch zum Servieren aufschneiden und zusammen mit den Zwiebeln und etwas Bratensaft reichen. Man kann es auch wunderbar auf einem frischen Brötchen genießen.

Es ist die Kultwurst schlechthin. Angeblich wurde die Currywurst von einer Dame in Berlin erfunden, doch bis heute streiten sich die Geister, ob dies tatsächlich so gewesen ist. Eine leckere Currywurst kann man sich auch mit ein paar Handgriffen schnell selber zaubern.

CURRYWURST

4 Liter

9

4 Bratwürstchen nach Wahl
500 g passierte Tomaten
4 gehäufte EL Tomatenmark
1 EL Essig
1 EL Paprikapulver, geräuchert
2 gehäufte EL Madras-Curry
½ TL feines Meersalz
2 EL Rohrzucker
2 EL Ahornsirup
2–3 EL Apfelmus
1 TL Schmalz
Salz, Pfeffer und etwas zusätzliches Curry zum Abschmecken

Für 4 Portionen

1 Beim Zubereiten kann man nicht viel falsch machen. In diesem Fall wird der Dutch Oven mit 9 Briketts von unten befeuert. Als erstes wird das Tomatenmark kurz angebraten. Aufpassen, dass es nicht verbrennt, sonst wird es bitter. Dann folgen alle anderen Zutaten, bis auf die Würstchen. Das Ganze dann unter Rühren schön sämig einkochen lassen. Abschmecken mit Curry, Salz und Pfeffer nicht vergessen.

2 Im Anschluss den Dutch Oven von den Briketts nehmen und zur Seite stellen. Die Wurst in Scheiben schneiden und den Deckel des Dutch Ovens mit den bereits vorhandenen und schon glühenden Briketts einheizen und das Schmalz darin zerlaufen lassen. Die Wurstscheiben im Deckel goldbraun braten.

3 Wenn die Würstchen soweit sind, werden sie einfach in die Currysauce gegeben. Den Topf dann zum richtigen Aufwärmen noch einmal ein paar Minuten auf die Glut stellen. Gut durchrühren und servieren – mit einer Scheibe geröstetem Weißbrot oder mit Süßkartoffel-Pommes.

Die Kartoffeln mit dem süßen Geschmack und dem hohen Zuckeranteil sind als Pommes sehr beliebt. Sie schmecken wunderbar als Beilage zu vielen Fleischgerichten, zu Currywurst oder einfach als Snack. Im Dutch Oven kann man sie ganz einfach zubereiten.

SÜßKARTOFFEL-POMMES

4 Liter

15

2–3 große Süßkartoffeln
1 ½ kg Fett zum Frittieren (z. B. Biskin)
3–4 EL Speisestärke
Gewürzmischung nach Wahl oder einfach nur Salz

Für 2–3 Portionen

1 Den Dutch Oven zunächst einheizen und das Fett darin schmelzen lassen. Alternativ kann man auch 1 ½ Liter Sonnenblumenöl verwenden. Während das Fett, bzw. Öl erhitzt, werden die Kartoffeln geschält und in Stifte geschnitten. Je dünner sie sind, desto knuspriger werden sie …

2 Die Pommes kurz abwaschen, trocken tupfen und in der Speisestärke wenden. Dabei darauf achten, dass sich die Stärke gleichmäßig verteilt, denn auch das macht die Pommes am Ende knuspriger.

3 Das Fett, bzw. Öl sollte mindestens 180 °C haben, damit die Pommes nicht matschig werden. Wer kein Thermometer zur Hand hat, kann auch die Spitze eines Holzlöffels ins Fett halten. Wenn am Löffel kleine Blasen aufsteigen, ist es heiß genug. Die Pommes nun etwa 5–6 Minuten im Fett sprudeln lassen, bis sie schön goldbraun sind, danach auf einem Küchentuch abtropfen lassen und direkt genießen.

Auch ein besonders saftiger Schweinenacken gelingt wunderbar im Dutch Oven – und er ist auch noch super lecker … Natürlich kann man irgendeine BBQ-Sauce verwenden. Mein persönlicher Favorit ist hier die Honig & Senf Sauce von BBQUE. Ehrlicher Geschmack aus Bayern.

9
4 Liter
6

NACKENBRATEN

2,3 kg Schweinenacken, ohne Knochen
2–3 Paprikaschoten
4 Zwiebeln
1 Bio-Orange
BBQ-Rub nach Wahl
BBQ-Sauce nach Wahl

Für 4–5 Portionen

1 Den Nacken zunächst gründlich mit der BBQ-Sauce einreiben und etwa 15 Minuten ziehen lassen. Die Zwiebeln und Paprika in grobe Stücke schneiden.

Den Nacken mit dem BBQ-Rub bestreuen, das Gewürz gut und gleichmäßig verteilen und das Fleisch in den „Dopf“ legen.

2 Die Zwiebel- und Paprikastücke ringsum verteilen. Die Orange in etwa 1 cm dicke Scheiben schneiden und diese auf den Nacken legen. Durch die Oberhitze geben die Orangenscheiben ihren Saft direkt an das Fleisch ab und dienen gleichzeitig ein bisschen als Hitzeschutz. So kann der Nackenbraten nicht so schnell verbrennen, wenn es doch einmal zu viele Briketts auf dem Deckel sind.

3 Und jetzt ab auf die Glut mit dem Dutch Oven. Die angegebene Menge an Briketts entspricht etwa einer Temperatur von 175 °C. Als Kerntemperatur empfehle ich 75–78 °C.

4 Nach etwa 1 ½ –2 Stunden sollte die Kerntemperatur bereits erreicht sein. Der Nackenbraten ist jetzt fertig zum Anrichten und hat durch die Orangenscheiben ein herrlich fruchtiges Aroma bekommen.

5 Für mich passt das Gericht perfekt fürs Wochenende oder auch an Festtagen. Serviert mit Salzkartoffeln und etwas Rosenkohl ist es ein absolutes Gedicht. Wer mag, kann z. B. den Rosenkohl in etwas Fond aus dem Dutch Oven kurz anbraten. Das würzig-fruchtige Aroma gibt dem Rosenkohl als Beilage einen besonderen Kick.

Wenn es einmal etwas Besonderes sein soll, kann man im Dutch Oven auch eine knusprige Ente zaubern. Hier auf einem Bett aus frischem Rotkohl.

15

6 Liter

9

ENTE AUF ROTKOHL

Für die Ente

1 Ente, etwa 2 kg
Fruchtfleisch von 1 Bio-Orange (die Schale kommt in den Rotkohl, s.u.)
1 Apfel, in grobe Würfel geschnitten
1 Zwiebel, geviertelt
Salz, Pfeffer & Zucker
2–3 TL Wildgewürz von Spicebar, alternativ 1 TL Salz, 1 TL Pfeffer und 1 TL Paprika, rosenscharf

Für den Rotkohl

½ Rotkohl
1 TL Salz
1 TL Pfeffer
2 TL Zucker
3 Nelken
½ TL Muskatnuss
500 ml Kirschsaft
Schale von 1 Bio-Orange (das Fruchtfleisch kommt in die Ente, s.o.)
1 Apfel, in grobe Würfel geschnitten

Für 2–3 Portionen

1 Die Rotkohlhälfte zunächst vierteln und dann in feine Streifen schneiden. Den Dutch Oven leicht einfetten und den geschnittenen Kohl hineingeben, verteilen und mit Salz, Pfeffer, Nelken, Zucker und Muskatnuss würzen. Nach dem Würzen einen gewürfelten Apfel und die gewürfelte Orangenschale hinzugeben. Die Orangenschale kann später ohne Bedenken mitgegessen werden, sie gibt dem Gericht eine fruchtige Note. Zum Schluss den Kirschsaft angießen. Das Ganze darf jetzt ein paar Minuten ziehen.

2 In dieser Zeit die Ente waschen, säubern und dann von innen mit Salz, Pfeffer und einer Prise Zucker würzen, mit den Apfelwürfeln für die Füllung, der geviertelten Zwiebel und dem Fruchtfleisch der Orange füllen.

3 Eigentlich muss die gefüllte Ente mit einem Faden verschlossen werden. Im relativ engen Dutch Oven ist das jedoch nicht nötig. Wenn die Ente von innen gewürzt und gefüllt ist, wird die Haut mit der Gewürzmischung eingerieben. Sollte keine Mischung zur Hand sein, genügen auch Salz, Pfeffer und Paprika. Danach darf die Ente ins Bett. Sie wird direkt und schön mittig auf den vorbereiteten Rotkohl platziert. Wichtig ist, dass der Dutch Oven nicht zu klein ist und der Deckel nicht auf dem Fleisch aufliegt. Wer sich nicht ganz sicher ist, ob der Abstand ausreicht, kann einfach zwei Scheiben Bacon als „Hitzeschutz" auf die Ente legen.

4 Jetzt kann der Dutch Oven befeuert werden. Dabei darauf achten, dass die 9 Briketts unter dem Topf gut verteilt sind, damit es an keiner Stelle ganz besonders heiß wird. Dadurch lässt sich verhindern, dass der Rotkohl anbrennt …

5 Nach gut 3–3 ½ Stunden ist die Ente durch und kann direkt zerlegt werden. Keulen und Brust sind immer besonders lecker und bei dieser Zubereitung auch sehr zart und saftig.

Man kann das Gericht klassisch mit Briketts unter und auf dem Topf zubereiten oder aber über einem Dreibein mit einem Holzfeuer. Dabei darauf achten, dass man den Topf in der Höhe verstellen kann, damit nichts anbrennt.

Einer der bekanntesten Vertreter der klassischen ungarischen Küche ist das Szegediner Gulasch. Diese besondere und sehr schmackhafte Gulasch-Variante hat nicht nur einen kräftigen und hervorragenden Geschmack, sie lässt sich auch sehr leicht im Dutch Oven zubereiten. In vielen Nachbarländern Ungarns gibt es die verschiedensten Variationen des Gulaschs mit Sauerkraut, da ist für jeden Geschmack etwas dabei. Da das Szegediner Gulasch ziemlich deftig ist, wird es hierzulande häufig als Hauptgericht serviert. In Ungarn ist es allerdings üblich, vorher eine feurige, ungarische Suppe zu essen.

15

6 Liter

9

SZEGEDINER GULASCH

1 kg Schweinegulasch, am besten aus der Schulter
1 EL Butterschmalz
250 g Bacon
3 Zwiebeln
3 Knoblauchzehen
800 g mildes Sauerkraut aus der Dose
400 ml Saure Sahne
400 ml Gemüsebrühe
2 TL Paprika, edelsüß
1 TL Pfeffer
Salz
Zucker

Für 6–7 Portionen

1 Die Vorbereitungen sind schnell gemacht. Zunächst werden die Zwiebeln wahlweise in Ringe oder in Würfel geschnitten. Den Knoblauch ebenfalls würfeln und den Bacon in feine Streifen schneiden.

2 Jetzt heißt es: Feuer an und den Dutch Oven auf Temperatur bringen. Bei deftigen Gerichten zerlässt man etwas Fett im „Dopf", vorzugsweise Butterschmalz.

3 Jetzt gilt es, den Dutch Oven richtig in Fahrt zu bringen. Dazu alle vorbereiteten Briketts unter dem Topf positionieren und sobald das Fett im Topf ganz leicht anfängt, kleine Blasen zu schlagen, das Schweinefleisch zum Anbraten in den Topf geben.

4 Wenn das Fleisch Farbe bekommt und das entstandene Wasser verdampft ist, den Bacon zugeben. Der Bacon soll nicht zu sehr bräunen, deshalb wird er zuerst nach dem Fleisch angebraten.

5 Dann die Zwiebelringe und den Knoblauch hinzugeben und alles gut durchrühren. Sobald sich alles gut vermischt hat, folgen Sauerkraut, Gemüsebrühe, die Saure Sahne und die Gewürze. Gesalzen wird nach Geschmack, denn der Bacon gibt schon einiges an Salz ab.

6 Das Gulasch gut durchrühren, den Deckel auf den Dutch Oven legen und alles circa eine Stunde bei kleinem Feuer köcheln lassen. Mit 15 Briketts oben und 9 Briketts unten kann das Szegediner Gulasch richtig gut durchziehen.

7 Nach gut einer Stunde ist das Fleisch wunderbar zart und alle Aromen haben sich perfekt miteinander verbunden. Jetzt darfst du schlemmen und den Tag mit einem herzhaften Gericht am Feuer ausklingen lassen. Als Beilage empfehle ich das Bauerbrot (s. Seite 114) oder ein paar Salzkartoffeln.

Ein klassisches Schmorgericht wie Gulasch ist geradezu prädestiniert für die Zubereitung im Dutch Oven. Und das Beste: es geht ganz einfach …

15

8 Liter

9

GULASCH

1 kg Gulasch vom Rind
150 g Selleriewürfel
150 g Karottenwürfel
2–3 EL Schweineschmalz
5 Zwiebeln, klein gewürfelt
3 Lorbeerblätter
250 ml Rotwein
1 EL Tomatenmark
250 ml Brühe
1 TL Wacholderbeeren
2 TL Paprika
1 TL Pfeffer
½ TL Salz

Für 6–7 Portionen

1 Das Gulasch kann man sich entweder schon vom Metzger vorbereiten lassen oder aus einem schönen Stück Rindfleisch selbst zurechtschneiden. Sobald die Briketts durchgeglüht sind, legt man diese vollständig unter den „Dopf", um das Schweineschmalz darin zu schmelzen. Zum Anbraten ist richtig Hitze nötig ….

2 Das Gulasch im heißen Schmalz scharf anbraten, allerdings nur so lange, bis die gewünschten Röstaromen und eine leicht braune Färbung vorhanden sind. Nun die Zwiebeln hinzugeben und zusammen mit dem Fleisch anbraten. Wenn sie leicht glasig sind, das Ganze mit dem Wein ablöschen und etwas einkochen lassen.

3 Dann das Paprikapulver und das Tomatenmark zugeben und ebenfalls kurz mit garen, allerdings nicht zu lange, da Tomatenmark schnell bitter werden kann. Dann die Brühe angießen und Lorbeer, zerstoßene Wacholderbeeren, Salz und Pfeffer beigeben. Erst jetzt kommen die Sellerie- und Karottenwürfel hinzu.

4 Alles gründlich durchrühren, den Deckel auf den Dutch Oven legen und das Gulasch für etwa 1–1 ½ Stunden bei mittlerer Hitze schmoren. Hierzu 15 Briketts unter und 9 auf den Topf legen. Während der Zeit darauf achten, dass das Gulasch nicht anbrennt. Gulasch passt tatsächlich zu jeder Jahreszeit und schmeckt mit einem frischen Bannock (s. Seite 122) – dem Brot der Cowboys – als Beilage.

Schweinebauch aus dem Dutch Oven mit einer schönen knusprigen Kruste ist einer der Klassiker aus dem „Dopf" und ein Genuss zu jeder Jahreszeit. Damit er schön knusprig wird, ist die Vorbereitung sehr wichtig, denn je sorgfältiger man hier arbeitet, desto besser gelingt die Kruste. Aber keine Sorge, es ist keine Zauberei!

KNUSPRIGER SCHWEINEBAUCH

9
4 Liter
6

1 ½ kg Schweinebauch ohne Knochen
3 EL feines Salz oder eine Salzmischung nach Wahl; empfehlen kann ich hier ganz besonders die Mischung Max von Spicebar
1 EL Pfeffer oder eine Pfeffermischung nach Wahl, empfehlen kann ich hier ganz besonders die Mischung Moritz von Spicebar.
3 Zwiebeln, in Ringe geschnitten
100 g Karottenwürfel
100 g Selleriewürfel

Für 4–5 Portionen

1 Zur Vorbereitung der Schwarte wird sie mit einem richtig scharfen Messer rautenförmig eingeschnitten, aber nicht zu tief. Das Einschneiden sollte nur durch die Schwarte und die Fettschicht erfolgen. Wer möchte, kann die Einschnitte in die Schwarte genau in der Breite wählen, wie die Scheiben später abgeschnitten werden sollen. Das erleichtert das Portionieren immens …

2 Wenn die Schwarte gleichmäßig eingeschnitten ist, wird sie großzügig gesalzen. Keine Angst, der Schweinebauch wird dadurch nicht versalzen. Das Salz auf der Schwarte und in den Schnitten verteilen und gründlich einmassieren. Nach dem Salzen sollte das Fleisch etwa 20 Minuten ruhen. In dieser Zeit entzieht das Salz der Schwarte Wasser und sorgt später für die gewünschte Kruste.

3 Während das Salz seine Arbeit verrichtet, wird der Dutch Oven eingeheizt. Zu Beginn kommen 9 Briketts auf den Deckel und 6 unter den Topf, das entspricht einer Temperatur von etwa 180 °C. Nach der Ruhezeit für das Fleisch sollte der Dutch Oven heiß sein.

4 Das überschüssige Salz von der Schwarte klopfen und den Schweinebauch im heißen Dutch Oven platzieren. Die Zwiebelringe und die Gemüsewürfel um das Fleisch herum verteilen. Sie geben dem Schweinebauch ein tolles Aroma und sind gleichzeitig eine tolle Beilage.

5 Am besten steckt man nun ein Thermometer ins Fleisch, dann kommt der Deckel auf den „Dopf", 9 Briketts darauf und jetzt heißt es warten. Der Schweinebauch sollte nun etwa eine Stunde bei 180 °C schmoren. Nach der ersten Stunde wird die Temperatur erhöht, es kommen nun alle Briketts auf den Deckel. Dabei immer die Kerntemperatur des Bratens im Auge behalten.

6 Die gewünschte Kerntemperatur liegt bei 78–80 °C. Wenn alles optimal läuft, sollte diese nach einer weiteren halben Stunde erreicht sein. Den Knuspergrad der Kruste kann man selbst bestimmen. Wenn die Schwarte noch nicht knusprig genug ist, kann man die Garzeit immer noch um etwa 10 Minuten verlängern. Die Kerntemperatur wird in dem Fall zwar überschritten, was beim Schweinebauch nicht ganz so schlimm ist. Der hohe Fettanteil sorgt dafür, dass das Fleisch saftig bleibt.

7 Wenn das Fleisch fertig ist, wird es zum Anrichten in Scheiben geschnitten. Wer beim Einschneiden der Schwarte aufgepasst hat, hat es jetzt leichter … Denn so lässt sich alles mit einer Knusperkruste portionieren. Danach wird das Fleisch noch gepfeffert und mit den geschmorten Zwiebeln serviert. Als weitere Beilagen passen Salat, Sauerkraut oder einfach ein frisch gebackenes Brötchen.

Der Klassiker unter den Dutch-Oven-Gerichten und dasjenige, mit dem man in der Regel seinen Topf einweiht. Schichtfleisch ist einfach und schnell zubereitet und man kann es ganz leicht dem individuellen Geschmack anpassen.

SCHICHTFLEISCH

9

4 Liter

6

2 kg Schweinenacken
2 Gemüsezwiebeln
3 rote Paprikaschoten
500 g Bacon, in Scheiben
3–4 EL Magic Dust oder ein anderer Rub nach Wahl
etwa 250 ml BBQ-Sauce nach Wahl

Für 6–7 Portionen

1 Den Boden des Topfes mit Bacon auslegen, genauso die Seitenwände, und zwar so, dass ein paar Zentimeter des Bacons über den Rand hinaus hängen. Den Schweinenacken mit einem scharfen Messer in 2–3 Zentimeter breite Scheiben schneiden und mit Magic Dust einreiben. Das Fleisch etwas durchziehen lassen. In der Zwischenzeit die Zwiebeln ebenfalls in 2–3 Zentimeter dicke Scheiben schneiden. Die Paprika entkernen und auf die Größe der Zwiebeln schneiden.

2 Nun geht es ans Füllen. Dazu kann man entweder das Fleisch am Topfrand entlang rundherum platzieren oder in Reihen. Dann folgt eine Runde – oder Reihe – Zwiebeln, danach Paprika. Das Procedere nun alternierend fortsetzen, bis der Topf komplett gefüllt ist.

3 Ganz zum Schluss die BBQ-Sauce darüber geben und den überstehenden Bacon darüber decken. In der Mitte bleibt eine kleine Stelle ohne Bacon frei. Dann geht's direkt auf die Glut, wo das Schichtfleisch nun etwa 3 Stunden lang schmort.

4 Das Fleisch ist nun sehr zart und saftig und man kann es entweder pur oder mit etwas Krautsalat auf einem frischen Brötchen genießen.

Ein Kartoffelauflauf schmeckt als Beilage oder als Hauptgericht …

KARTOFFELAUFLAUF

9
4 Liter
6

500 g Kartoffeln, geschält und in dünne Scheiben geschnitten
2 Zwiebeln, gewürfelt
250 ml Sahne
2 Eier
100 g Crème fraîche
Pfeffer, Salz und Muskat
frische Petersilie, gehackt, nach Geschmack
Schinkenspeck oder Bacon
150 g Feta, gewürfelt

Für ca. 4 Portionen

1 Den Schinken oder Bacon in Würfel schneiden und mit den Zwiebeln zusammen im Dutch Oven anbraten, bis alles eine schöne goldbraune Farbe hat. Dann die in Scheiben geschnittenen Kartoffeln hinzugeben. Alles möglichst gleichmäßig verteilen.

2 Die Eier mit der Sahne, der Crème fraîche, etwas Salz, Pfeffer und Muskat vermischen. Auch die Kartoffelscheiben leicht salzen, nicht zu viel, denn der Bacon ist auch schon recht salzig. Die Eiermischung über die Kartoffeln geben und den Feta darüber verteilen. Wer keinen Feta mag, kann ihn durch einen anderen Käse ersetzen.

3 Jetzt kann der Topf auf die Briketts – 9 auf den Deckel, 6 darunter. Während des Garprozesses ab und zu in den „Dopf" schauen, um zu prüfen, ob noch genügend Flüssigkeit vorhanden ist und gegebenenfalls noch etwas Brühe oder Sahne nachgießen. Nach etwa 1 ½ Stunden ist der Auflauf fertig. Dazu vorher mit der Gabel prüfen, ob die Kartoffeln bereits gar sind. Auf Tellern anrichten und nach Geschmack mit der gehackten Petersilie garnieren.

Genauso wie das Schichtfleisch ist auch der Schichtkohl ein Klassiker – und mindestens genauso herzhaft, lecker und schnell zubereitet.

SCHICHTKOHL

9

4 Liter

6

1 kleiner Weißkohl
1 kg Hackfleisch, gemischt
100 g Bacon, in Scheiben
500 ml Gemüsebrühe
1 Ei
1 Zwiebel
1 EL Ketchup
1 EL Senf
1 EL Gewürzmischung für Hackfleisch, alternativ Salz & Pfeffer
1 Knoblauchzehe
1 TL Kreuzkümmel
200 g Schmand

Für 4–5 Portionen

1 Den Kohl kurz mit kochendem Wasser übergießen. So lässt er sich besser zerlegen und die einzelnen Blätter brechen nicht so schnell. Die Blätter danach abschälen.

2 Die Zwiebel fein würfeln, den Knoblauch fein hacken und mit dem Senf, dem Ketchup, dem Ei und den Gewürzen zum Hackfleisch geben und alles gründlich verkneten.

3 Den Boden des Dutch Ovens mit Bacon auslegen und eine Schicht Kohlblätter darauf verteilen. Nun eine Schicht Hackfleisch auf die Kohlblätter geben, auf die dann wieder Kohlblätter folgen. Den Dutch Oven auf diese Art füllen. Je dünner die Hackfleischschichten sind, desto besser lässt sich später alles aus dem Topf nehmen und anrichten.

4 Nach dem Schichten die Brühe in den „Dopf" gießen und dann den Schmand und den Kreuzkümmel auf die oberste Schicht Hackfleisch geben. Sollte noch Bacon übrig sein, kann man diesen als allerletzte Schicht darauflegen, es schmeckt aber auch so …

5 Den Topf auf 6 Briketts stellen, 9 Stück auf den Deckel legen und den Schichtkohl für gut 1 ½–2 Stunden garen. Dann sollte er fertig und gut durchgezogen sein und kann serviert werden.

6 Als Beilage schmeckt ein gutes Brot.

Püriert und zum Löffeln ist er bekannter, aber auch gefüllt schmeckt er außerordentlich gut. Und wenn er dann noch im Dutch Oven veredelt wird …

GEFÜLLTER KÜRBIS

15
8 Liter
9

1 Hokkaido
3–4 Kartoffeln
1 Knoblauchzehe
1 EL Pfeffer
600 g Hackfleisch, gemischt
1 Ei
2 Chilis
1 EL frische Kräuter, gehackt
150 g Edamer, gerieben
1 EL Salz
4 Pimentkörner, gemahlen
4 Scheiben Schweinebauch
100 ml Gemüsebrühe
1 altbackenes Brötchen, eingeweicht

Für 4–5 Portionen

1 Beim Einkaufen darauf achten, dass der Kürbis gut in den Dutch Oven passt. Er sollte etwas Luft zum Topfdeckel haben. Den Deckel des Kürbis' oben abschneiden und die Kerne entfernen. Mit einem Löffel so viel Fruchtfleisch aus dem Kürbis herauslösen, dass die Kürbiswand am Ende etwa 1 ½ Zentimeter dick ist. So lässt sich die Füllung später leichter garen und sie wird gleichzeitig mit dem Kürbis gar.

2 Das Fruchtfleisch in kleine Stücke schneiden und mit dem Hackfleisch, dem Brötchen, dem Ei, dem Großteil des Käses, den Kräutern, dem Knoblauch, den in feine Ringe geschnittenen Chilis und dem Piment zu einer Füllung vermengen und in den Kürbis geben.

3 Die Schweinebauchscheiben als „Brandschutz" auf dem Boden des Dutch Ovens verteilen und den gefüllten Kürbis in den Topf stellen. Den restlichen Käse auf die Kürbisfüllung geben und den Kürbis mit dem zuvor abgeschnittenen Deckel wieder verschließen.

4 Die geschälten und gewaschenen Kartoffeln längs halbieren, neben dem Kürbis verteilen und etwas salzen. Die Brühe angießen, den Dutch Oven verschließen und den Kürbis mit 15 Briketts auf dem Deckel und 9 unter dem Topf 1 ½–2 Stunden garen. Den fertigen Kürbis serviert man am besten auf einer großen Platte, auf der man ihn auch anschneiden kann. Bis auf den Strunk im Deckel kann man ihn komplett genießen.

Weiße Bohnen mit ungewöhnlichen Zutaten – ein echtes Geschmackserlebnis. Dieses Gericht nach Texas Art ist etwas aufwendiger, aber sehr leicht umzusetzen.

WEIßE BOHNEN NACH TEXANISCHER ART

9

4 Liter

6

500 g Weiße Bohnen, über Nacht eingeweicht
250 g Schinkenspeck, gewürfelt
4 Rauchenden
100 g Sellerie, klein gewürfelt
1 Stange Lauch, in Ringe geschnitten
2 Äpfel (Granny Smith), gewürfelt
1 Zwiebel, klein gewürfelt
je 1 rote und grüne Paprika, kleingeschnitten
800 g Tomaten aus der Dose, in Stücken
250 ml Ketchup
3 EL Honig
3 EL Grafschafter Rübensaft
¾ Tasse brauner Zucker
2 EL Senf
1 TL Salz

Für ca. 6 Portionen

1 Zuerst den Speck und die Zwiebeln anbraten. Wenn alles goldbraun ist, die eingeweichten Bohnen hinzugeben und so viel Wasser angießen, dass die Bohnen bedeckt sind. Das Ganze gut 30 Minuten köcheln lassen.

2 Dann alle anderen Zutaten in den Dutch Oven geben und gut miteinander verrühren, den Deckel auflegen und für 2 ½–3 Stunden in Ruhe köcheln lassen. Ab und zu umrühren reicht völlig aus.

3 Wenn alles gar ist, mit Brot oder Brötchen servieren.

Ein Braten mit dem Beilagengemüse aus einem Topf – verfeinert mit einem würzigen Bier, das den Zutaten ein ganz besonderes Aroma verleiht. Lecker ...

ROLLBRATEN MIT BIERGEMÜSE

9
4 Liter
6

1 Schweinelachs, ca. 700 Gramm
BBQ-Sauce nach Wahl
200 g Bacon in Scheiben
4 Karotten
1 Stange Sellerie
2 große Zwiebeln
6 Knoblauchzehen
Rosmarin, gerebelt
Salz & Pfeffer
ein paar Zweige frischer Rosmarin
500 ml Bier nach Wahl

Für ca. 3 Portionen

1 Damit man ihn füllen kann, muss aus dem Braten eine Scheibe werden. Dazu den Schweinelachs der Länge nach auf die Arbeitsplatte legen und das Fleisch in gut einem Zentimeter Höhe von unten gerechnet mit einem langen Messer bis etwa zur Mitte hin parallel zur Arbeitsplatte einschneiden und während des Einschneidens das Fleisch vorsichtig zur Seite wegdrehen. Den Schnitt immer weiter führen und das Fleisch beim Schneiden immer weiter zur Seite drehen, sodass aus dem länglichen Braten am Ende eine ausgebreitete Scheibe wird. Die Hälfte des Bacons nun auf dem Fleisch ausbreiten, kräftig mit BBQ-Sauce bestreichen und eine in dünne Ringe geschnittene Zwiebel darauf verteilen. Den Braten dann vorsichtig zusammengerollt und mit der „Naht" nach unten im Dutch Oven platziert. Den Topf vorher zur Sicherheit mit dem restlichen Bacon auslegen.

2 Danach sämtliche übrigen Zutaten würfeln und um den Braten herum legen. Dann das Bier angießen, die Rosmarinzweige auf das Fleisch geben, das Gemüse salzen und pfeffern, etwas gerebelten Rosmarin beigeben und den Deckel auflegen.

3 Der Braten benötigt mit 9 Briketts auf dem Deckel und 6 unter dem Topf etwa 1–1 ½ Stunden Garzeit. Zum Servieren einfach aufschneiden und mit dem Biergemüse reichen.

Nudeln vereint mit knusprigem Käse und sahniger Sauce, in weniger als einer Stunde heiß auf dem Tisch. Nudel-Fastfood aus dem Dutch Oven!

NUDEL-SCHINKEN-GRATIN

9

4 Liter

6

350 g Nudeln, z. B. Spirelli oder Penne
300 g gekochter Schinken, gewürfelt
800 ml Fleischbrühe
200 ml Sahne
1 EL Tomatenmark
1 TL Paprikapulver, rosenscharf
½ TL Salz
½ TL Pfeffer
1 Prise Muskatnuss
1 Lorbeerblatt
150 g Käse, gerieben

Für 3–4 Portionen

1 Die ungekochten Nudeln in den Dutch Oven geben und mit dem gewürfelten gekochten Schinken vermengen. Die Brühe, die Sahne, das Tomatenmark und die Gewürze miteinander vermischen und über die Nudel-Schinken-Mischung gießen.

2 Als letztes folgt eine Schicht geriebener Käse. Den Deckel auflegen und den Dutch Oven auf 6 Briketts stellen und 9 auf den Deckel geben. Es dauert etwa 30–40 Minuten, bis die Nudeln gar sind und der Käse geschmolzen ist.

3 Als Beilage schmeckt ein gemischter Salat.

Winterzeit ist Grünkohlzeit. Schnell vorbereitet und dann immer wieder aufwärmen – Grünkohl braucht etwas Zeit, bis er so richtig lecker schmeckt. Aber die Geduld lohnt sich ...

NORDDEUTSCHER GRÜNKOHL

9

4 Liter

6

4 Scheiben Speck, à 60 g
2 EL Butterschmalz
2 Zwiebeln, gewürfelt
4 Scheiben Kasseler Kotelett
4 Würste, Mettenden oder Pinkelwürste
1 kg Grünkohl, TK, bereits geschnitten, sonst wird es eng im „Dopf“
1 EL Senf
400 ml Gemüsebrühe
400 g Kartoffeln
Salz & Pfeffer
Muskatnuss

Für 4–5 Portionen

1 Zum Einheizen alle Briketts unter den Dutch Oven legen. Wenn der „Dopf“ ordentlich Temperatur hat, das Schmalz zerlassen und die Zwiebeln und Speckscheiben darin anbraten. Wenn der Speck ausreichend lange gegart hat, den Grünkohl zugeben und warten, bis er aufgetaut ist. Dann mit der Brühe ablöschen. Beim Kauf des Grünkohls darauf achten, dass es der bereits geschnittene und lose Grünkohl ist. Es gibt auch solchen, der in kleinen Eiswürfel-großen Blöcken eingefroren ist, und sich weniger gut eignet.

2 Wenn der Kohl sich gesetzt hat, die Würste, die Koteletts, die gewürfelten Kartoffeln, den Senf und die Gewürze zugeben, den Deckel schließen und das Ganze mit 9 Briketts auf dem Deckel und 6 unter dem Topf für mindestens 2 Stunden garen. Zwischendurch immer mal umrühren.

HÄHNCHENSCHENKEL AUF ROSMARIN-KARTOFFELN

9

4 Liter

6

4 Hähnchenschenkel mit Rückenstück
Gewürzmischung z. B. Magic Dust
etwas Öl
6 Kartoffeln, vorwiegend festkochend
400 ml Geflügelfond
Pfeffer
2 Knoblauchzehen
1 Zwiebel
1 Chilischote
einige Rosmarinzweige

Für 4 Portionen

1 Die Hähnchenkeulen möglichst am Vortag mit etwas Öl einpinseln und dann gründlich mit dem Magic Dust oder einer Gewürzmischung nach Wahl einreiben und im Kühlschrank ziehen lassen.

2 Am Tag der Zubereitung die Kartoffeln schälen, halbieren oder vierteln und in den Dutch Oven geben. Der Boden sollte bedeckt sein. Dann den Geflügelfond und etwas Wasser angießen, sodass wiederum die Kartoffeln knapp bedeckt sind. Den Knoblauch und die Zwiebeln in Scheiben schneiden, die Chilischote entkernen und hacken und alles zusammen mit etwas Pfeffer auf die Kartoffeln verteilen. Die Rosmarinzweige auf die Kartoffeln legen.

3 Die Hähnchenschenkel auf die Zweige legen, den Deckel mit 9 Briketts bestücken und 6 Briketts unter den Topf geben. In etwa 40 Minuten sind die Kartoffeln und die Keulen gar. Wenn die Haut der Hähnchenkeulen eine schöne goldbraune Farbe hat und knusprig ist, kann man alles anrichten.

Als Klassiker gehört Pulled Pork neben Spareribs und Beef Brisket zur Heiligen Dreifaltigkeit des Barbecues. Grund genug, den Weg zum leckeren Pulled Pork auch aus dem Dutch Oven zu erklären.

6
4 Liter
6

PULLED PORK

2 ½ kg Schweinenacken
BBQ-Rub nach Wahl
10 Scheiben Bacon
200 ml BBQ-Sauce nach Wahl

Für 8–10 Portionen

1 Den Nacken zunächst rundum gründlich mit dem Rub einreiben und am besten über Nacht ziehen lassen, damit er seine Aromen entfalten kann. Wenn es schnell gehen muss, kann man es auch direkt verarbeiten.

2 Den Boden des Dutch Ovens mit Bacon auslegen. Das dient einmal dem leichten Raucharoma und als Hitzeschutz. In der Regel verkocht der Bacon und lässt sich schön unter das gezupfte Fleisch mischen.

3 Den Schweinenacken hineinlegen und die BBQ-Sauce drumherum schütten. Den Topf verschließen und befeuern. Da das Pulled Pork über einen längeren Zeitraum bei niedriger Temperatur gart, damit das Fleisch saftig und zart wird, sind nur 12 Briketts – 6 oben und 6 unten – nötig. Jetzt heißt es Geduld haben. Der Schweinenacken braucht etwa 3 ½–4 Stunden, um eine Kerntemperatur von 96 °C zu erreichen.

4 Zur Kontrolle steckt man am besten das Thermometer in den Braten und dann heißt es warten. Wenn nach 3 ½ –4 Stunden die Kerntemperatur fast erreicht ist, wird die Geduld nochmal auf die Probe gestellt. Da wir für ein echtes Pulled Pork eine schöne Kruste brauchen, werden bei ungefähr 90 °C Kerntemperatur alle Briketts auf den Deckel gelegt. So bekommt der Nacken noch einmal mehr Hitze von oben und die BBQ-Sauce und der Zucker in der Gewürzmischung können schön karamellisieren.

5 Das Fleisch sollte sich, wenn die Kerntemperatur erreicht ist, noch einige Minuten „entspannen". So wird verhindert, dass beim Zupfen der ganze Saft ausläuft, der eigentlich im Fleisch bleiben sollte.

6 Nach den „Entspannen" darf dann endlich gezupft werden. Entweder mit zwei normalen Gabeln oder mit richtigen „Krallen". Ich empfehle, das Fleisch direkt im Dutch Oven zu pullen. So kann man den Saft, der beim Garen ausgetreten ist, zusätzlich vermengen und damit quasi auch würzen.

7 Ein gelungenes Pulled Pork hat ein würziges Aroma, einen zarten, saftigen Biss und ist perfekt geeignet für Burger oder, um es einfach so zu genießen.

Der Klassiker unter den Nudelgerichten lässt sich auch im Dutch Oven schnell und ohne viel Aufwand zubereiten – und schmeckt aus dem „Dopf“ mindestens so lecker wie aus dem Backofen …

LASAGNE

500 g Hackfleisch, gemischt
2 Zwiebeln
2–3 Knoblauchzehen
1 TL Paprika, edelsüß
1 TL schwarzer Pfeffer, gemahlen
½ TL Salz
12–16 Lasagneplatten
Olivenöl
200 g Bacon in Würfeln
300 g Parmesan, gerieben
400 g Dosentomaten, gewürfelt
1 mittelgroße Schüssel zum Umfüllen

Für 4 Portionen

1 Zuerst wird die Hackfleischfüllung für die Lasagne vorbereitet. Hierfür die Zwiebeln in kleine Würfel schneiden und in etwas Olivenöl im heißen Dutch Oven anbraten, dann folgt das Hackfleisch und der Knoblauch. Das alles wird schön durchgebraten.

2 Wenn das Hackfleisch angebraten ist, die Tomaten, das Salz, das Paprikapulver und den Pfeffer zugeben. Das Ganze etwas einkochen lassen, damit nicht zu viel Flüssigkeit übrigbleibt. Aber nicht alles verkochen lassen. Etwas Feuchtigkeit ist für das Garen der Lasagneplatten notwendig. Wenn die Hackfleischfüllung fertig ist, die Masse in eine Schüssel umschütten, damit der Dutch Oven frei wird.

3 Als erstes kommen nun die Baconwürfel in den „Dopf“. Aus ihnen entsteht eine leckere, salzige Kruste am Boden, durch die zudem verhindert wird, dass die Lasagne anbrennt.

4 Auf dem Bacon wird nun die erste Lage der Lasagneplatten ausgelegt, auf der dann eine Schicht der Hackfleischsauce verteilt wird. So lange im Wechsel weiter schichten, bis etwa ⅔ des Topfes gefüllt ist. Je weniger Hackfleischsauce auf einer Lage verteilt wird, desto besser lässt sich die Lasagne später aus dem Topf nehmen. Als letzte Schicht schließen die Lasagneplatten alles ab. Hierauf wird nun der Parmesan verteilt.

5 Den Topf verschließen und 9 Briketts auf den Deckel und 6 unter den Topf legen. Die Lasagne braucht bei 180 °C etwa eine Stunde, bis sie serviert werden kann.

Hackbraten – oder auch falscher Hase genannt – ist ein klassisches Sonntagsgericht. Beliebt mit Knödeln oder Kartoffeln und Rotkohl. Er ist schnell zubereitet und nicht nur an kalten Tagen oder sonntags ein beliebter Gaumenschmaus.

9

4 Liter

6

HACKBRATEN

2 trockene Brötchen
4 Zwiebeln
750 g Hackfleisch, gemischt
2 Eier
1 TL Senf
1 EL Petersilie, gehackt
100 g Bacon
Salz
Pfeffer
Paprika, rosenscharf

Für 3–4 Portionen

1 Zuerst die Brötchen in etwas Wasser einweichen, so dass sie wieder schön weich und saftig werden. Eine Zwiebel würfeln, drei Zwiebeln in Ringe schneiden. Nun die Brötchen vorsichtig ausdrücken, damit nicht zu viel Wasser in die Bratenmischung gelangt. Nun das Hackfleisch, die Brötchen, die Eier, die gewürfelten Zwiebeln, den Senf und die Petersilie miteinander vermengen und mit Salz, Pfeffer und etwas Paprika abschmecken.

2 Aus der Masse nun den eigentlichen Braten formen. Ob länglich oder rund – die Form spielt keine Rolle. Ich passe es immer dem vorhandenen Dutch-Oven an.

3 Den Bacon in feine Würfel schneiden und schön knusprig anbraten. Dann die Zwiebelringe zugeben und nur so lange anbraten, bis sie leicht glasig sind. Ganz wenig Wasser angießen, gerade nur so viel, dass sich die Röstaromen von Bacon und Zwiebeln lösen und später mit dem austretenden Bratensaft vermischen können. Jetzt kommt der Hackbraten in den Dutch Oven und der Deckel auf den „Dopf".

4 9 Briketts auf dem Deckel und 6 unter dem Topf sollten einer Temperatur von ca. 160–180 °C entsprechen. Das Ganze dann gut eine Stunde schmoren lassen. Durch den austretenden Saft beim Garen und dessen teilweises Einkochen entsteht eine sämige, kraftvolle Sauce.

5 Wenn der Hackbraten gar ist, kann man ihn direkt servieren. Am besten schmecken mir dazu Kartoffeln und selbstgemachter Rotkohl.

leckeres Topping
für deinen Burger

Echte Bacon Jam ist ein Aufstrich oder Topping für Burger mit einem unwahrscheinlichen Geschmack. Bacon Jam ist süß, herzhaft, würzig, salzig und scharf in einem. Wer also ein absolut leckeres Topping für Burger sucht und ein echter Bacon-Fan ist, muss Bacon Jam probieren.

BACON JAM

4 Liter

15

800 g Bacon
350 g Zwiebeln
4–5 Knoblauchzehen
140 ml Jack Daniels
140 ml Ahornsirup
130 g Rohrzucker
2 EL Thai-Chili-Sauce
2 EL BBQ-Sauce nach Wahl
½ TL gemischter Pfeffer
1 TL Paprika, geräuchert

1 Zunächst den Bacon klein würfeln und zum Auslassen in den heißen Dutch Oven geben. Das Auslassen sollte möglichst langsam geschehen, damit er nicht verbrennt. Hierfür reichen 10 der 15 Briketts unter dem Dutch Oven. Also ruhig etwas Geduld. In dieser Zeit die Zwiebeln und den Knoblauch fein würfeln. Nach etwa 30 Minuten sollte der Bacon soweit sein, dann können die Zwiebeln hinzugegeben werden. Sobald sie schön glasig sind, kommt der Knoblauch dazu und wird leicht mitgeröstet.

2 Dann den Pfeffer, das geräucherte Paprikapulver, die Thai-Chili-Sauce und die BBQ-Sauce in einer kleinen Schüssel miteinander verrühren und in den „Dopf" geben und unter die Bacon-Zwiebel-Knoblauch-Mischung rühren.

3 Dann den Whisky, den Rohrzucker und den Ahornsirup hinzugeben und unterrühren. Jetzt darf auch ordentlich Hitze unter den Dutch Oven. Das heißt alle 15 Briketts kommen jetzt unter den Topf.

4 Das Ganze dann entweder sofort essen oder in zwei mittelgroße Einmachgläser füllen. Es hält sich, sofern es nicht vorher gelöffelt wird, dort für zwei, drei Wochen.

Selbstgemachtes zum Verfeinern

Das richtige Gewürz ist für den Dutch Oven immer schwer zu finden. Was vereint Süße, Würze, Schärfe, Salz und wenn möglich das rauchige Aroma in einem? Hierfür gibt es eine kleine Hilfestellung für ein selbstgemachtes Dutch-Oven-Gewürz. Einmal vorbereitet, kann man damit fast alle Speisen verfeinern und hat immer das richtige Gewürz zur Hand.

DUTCH-OVEN-GEWÜRZ

1 EL Paprika, rosenscharf
1 EL Meersalz
1 EL Rohrzucker
½ EL Zwiebelpulver
1 EL Paprika, geräuchert
½ EL Chiliflocken
½ EL schwarzer Pfeffer
½ EL Knoblauchpulver

1 Alle Gewürze in einer kleinen Schüssel oder in einem Mörser miteinander vermischen. Pfeffer und Chili am besten nicht gemahlen kaufen, denn in gemahlenem Zustand verlieren sie durch das Lagern schnell an Aroma. Für die Herstellung dieser Mischung also Pfeffer und Chili frisch mahlen, bzw. mörsern, mit den übrigen Gewürzen vermengen und in einer licht- und luftdichten Dose lagern.

2 Die Dosierung in den Gerichten ist ganz individuell, einfach nach Lust und Laune. Am Anfang sollte man ein bisschen vorsichtig sein … Nachwürzen geht immer, wenn das Gericht aber zu scharf ist, dann wird es problematisch. Die Mischung passt zu vielen Gerichten, wie beispielsweise Stews, Eintöpfen oder dem Klassiker Schichtfleisch. Durch das geräucherte Paprikapulver bekommt man auch im Dutch Oven ein leichtes Raucharoma.

GEBACKENES

Feines, luftiges Gebäck als Kuchen am Nachmittag oder zum Frühstück – ein Hefezopf passt fast immer und gelingt im Dutch Oven perfekt.

HEFEZOPF

9

4 Liter

6

1 kg Weizenmehl, Type 405
1 Würfel Hefe
½ l Milch
150 g Butter
100 g Zucker
2 TL Salz plus 1 Prise
3 Eier
1 EL Zitronenabrieb
2 EL Hagelzucker

1 Zunächst in einer Schüssel in etwa einem Glas des angegebenen halben Liters Milch die Hefe auflösen und mit dem Zucker vermischen. Dann den Zitronenabrieb und 2 Eier zum Mehl geben und die Milch-Zucker-Hefemischung unter Rühren hinzufügen. Ebenso die restliche Milch. Nun alles gründlich rühren und kneten.

2 Wenn sich die Teigzutaten gut miteinander verbunden haben, folgt die weiche Butter und das Salz. Den Teig nun noch einmal so lange kneten, bis sich eine glatte, zähe Masse gebildet hat, was etwa 5 Minuten dauern kann.

3 Den Teig nun mit einem feuchten Tuch abdecken, damit er nicht austrocknet, und etwa 2 Stunden gehen lassen. Nach dieser Zeit sollte sich das Teigvolumen etwa verdoppelt haben. Nun noch einmal mit etwas Mehl bestreuen und erneut durchkneten.

4 Den Teig in drei gleich große Teile schneiden und diese jeweils zu langen Strängen rollen. Diese drei Stränge dann zu einem lockeren Zopf flechten. Einen Bogen Backpapier in den Dutch Oven legen und den Zopf rundherum an der Topfwand entlang hineinlegen. Wenn es nicht passt, ruhig etwas strecken oder stauchen …

5 Ein Ei mit einer Prise Salz und dem Hagelzucker verrühren und den Hefezopf damit bestreichen. So bekommt er später eine schöne goldbraune Farbe. Während die Briketts durchglühen, kann der Zopf im Dutch Oven noch einmal für 30 Minuten gehen. Den „Dopf“ dann befeuern – mit 9 Briketts auf dem Deckel und 6 unter dem Topf. Nach ungefähr 45 Minuten Backzeit sollte der Zopf ordentlich aufgegangen und schön locker und saftig sein.

6 Am allerbesten schmeckt er noch lauwarm …

Ein Marmorkuchen ziert nicht nur die Kuchentafel, er eignet sich auch, um ihn draußen einfach „auf der Hand" zu essen. Und schnell zubereitet ist er auch noch.

9

4 Liter

6

MARMORKUCHEN

300 g weiche Butter
270 g Zucker
1 Päckchen Vanillezucker
1 Prise Salz
5 Eier
375 g Weizenmehl
12 g Backpulver
3 EL Milch
20 g Kakaopulver
3 EL Milch
Puderzucker zum Bestäuben

1 Zuerst die Butter mit einem Mixer locker aufrühren und dann den Zucker, den Vanillezucker, die Eier, das Salz, das Mehl, das Backpulver und 3 Esslöffel Milch hinzugeben. Damit ist die Grundmasse für den Kuchen fertig.

2 ⅔ des Teiges entweder in den Dutch Oven oder in eine gusseiserne Kastenform füllen. Am besten vorher einen Bogen Backpapier hineinlegen. Den restlichen Teig mit Kakao und 3 Esslöffeln Milch vermischen. Den dunklen dann auf den hellen Teig geben und einen Löffel spiralförmig durch die Teigschichten ziehen. So entsteht das charakteristische Muster des Marmorkuchens.

3 Der Dutch Oven, bzw. die Kastenform kann nun befeuert werden. Der Kuchen braucht etwa eine Stunde, bis er durchgebacken ist. Am besten eine Stäbchenprobe machen. Den Kuchen in der Form etwas abkühlen lassen und dann mit dem Backpapier herausheben und nach Geschmack noch mit etwas Puderzucker bestreuen.

Dieser Nachtisch war eines der allerersten Gerichte, das ich im Dutch Oven zubereitet habe. Ich habe es immer wieder ein bisschen verfeinert und liebe dieses schnelle Dessert ganz einfach.

SCHOKO-FRUCHT-SCHNECKEN

9

4 Liter

6

Für den Teig

250 g Mehl
1 Päckchen Vanillepuddingpulver
1 Päckchen Trockenhefe
25 g Butter
150 ml lauwarme Milch
1 Ei
1 gestrichener EL Zucker
1 Prise Salz
1 Lage Blätterteig / ca. 4 kleine Platten

Für die Füllung

4 EL Nutella
4 EL Erdbeermarmelade

Für 4–5 Portionen

1 Alle Teigzutaten, bis auf den Blätterteig, glatt und geschmeidig verrühren. Das geht am besten mit einer Küchenmaschine oder einem Handrührgerät. Den Teig auf einer glatten Unterlage dann so ausrollen, dass mindestens 4 Blätterteigplatten darauf Platz finden.

2 Den Teig optisch in 4 gleichgroße Bereiche einteilen und Schokocreme auf das linke Viertel streichen. Das nächste Viertel wird mit Marmelade bestrichen, darauf folgt wieder ein Viertel mit Schokocreme. Als Abschluss kommt noch ein Viertel mit Marmelade.

3 Den Teig nun mit der Schokocreme beginnend einrollen und mit einem scharfen Messer etwa 3–4 Zentimeter breite Scheiben abschneiden. Den Dutch Oven mit Backpapier auslegen und die Scheiben hineinlegen. Wenn der Topfboden bedeckt ist, kann man die restlichen Scheiben, sollten welche übrigbleiben, auch auf die 2. Ebene legen. So entsteht eine kleine Schneckenpyramide.

4 Die Schnecken benötigen zum Durchbacken etwa 30–40 Minuten mit 9 Briketts oben und 6 unten. Zum Anrichten hebt man die Schnecken am besten mit dem Backpapier zusammen aus dem Topf. Diesen Nachtisch kann man getrost mit den Händen essen.

BAUERNBROT

9 | 4 Liter | 6

450 ml lauwarmes Wasser
10 g frische Hefe (¼ Würfel)
200 ml Malzbier
800 g Mehl, Type 405
1 TL Salz
1 TL Zucker

Für ein Brot

1 Die Hefe etwas mit den Fingern zerbröseln und dann in lauwarmem Wasser komplett auflösen. Am besten verrührt man alles mit einem Schneebesen. Wenn die Hefe komplett aufgelöst ist, gießt man das Malzbier dazu. Achtung: Es kann etwas mehr schäumen als erwartet. Das Gemisch zur Seite stellen und das Mehl in einer großen Schüssel mit Salz und Zucker vermengen.

2 Nun die Bier-Wassermischung unter ständigem Rühren zügig ins Mehl geben und mit einem Rührbesen oder Mixer ohne Klümpchen zu einer glatten Masse verarbeiten. Der Teig ist sehr flüssig und lässt sich auch nicht kneten. Ungewöhnlich, aber genau richtig! Nach dem Mischen das Ganze mit Folie abdecken und eine gute bis 1 ½ Stunde gehen lassen. Auch hier sollte man etwas aufpassen: Die Schüssel muss ziemlich groß sein, denn der Teig geht durch die Hefe und das Bier sehr stark auf. Je länger der Teig geht, desto mehr Geschmack hat das Brot hinterher. Wer Zeit hat und es probieren möchte, kann den Teig auch über Nacht im Kühlschrank ziehen und gehen lassen.

3 Damit der sehr weiche Teig nicht anhaftet, sollte der Dutch Oven mit etwas Öl oder Trennspray präpariert werden. Den Teig dann direkt aus der Schüssel langsam in den „Dopf“ umschütten und mit einem Schaber die Rest aus der Schüssel entfernen. Natürlich kann man anstelle des runden Dutch Ovens auch eine Kastenform verwenden.

4 Während sich der Teig noch setzt, werden die Briketts vorbereitet. Sobald sie durchgeglüht sind, wird der Topf mit 9 Briketts oben und 6 unten befeuert.

5 Das Bauernbrot braucht etwa 80–90 Minuten bei 180 °C, bis es durchgebacken ist und seine leckere Kruste hat. Nach dem Backen für circa 1 ½ Stunden auf einem Gitter abkühlen lassen.

Ein echtes, saftiges und rustikales Bauernbrot aus dem Dutch Oven ist ein Hochgenuss für alle, die ein kräftiges Brot lieben. Bauernbrote sind seit Jahrhunderten bekannt für ihren Geschmack, die leckere Kruste und die Einfachheit in der Zubereitung. Die gute Nachricht für alle Outdoor-Fans: Es ist überhaupt kein Problem, diese Geschmacksbomben im Dutch Oven zuzubereiten.

Dieses herzhafte, schnelle Brot kann man natürlich auch im Brotbackautomaten oder im Backofen backen, das macht aber nur halb so viel Spaß ... Das Brot wiegt etwa ein Pfund, reicht locker für 4–5 Personen und passt zu sehr vielen Gerichten als herzhafte Beilage.

BIERBROT

9
4 Liter
6

500 g Mehl, Type 405
10 g Trockenhefe
1 TL Zucker
2 TL Salz
1 TL Olivenöl
2 TL Petersilie, TK
4 Knoblauchzehen
1 TL Paprika, edelsüß
175 ml Bier, Sorte nach Wahl
175 ml lauwarmes Wasser
etwas Fett für den Dutch Oven

1 Den Knoblauch in kleine Würfel schneiden und mit allen anderen Zutaten ich eine Rührschüssel geben. Der Teig muss gut gerührt werden, ein Kneten ist bei dieser Mischung nicht möglich, dazu ist er zu feucht. Den Teig dann in einen leicht gefetteten Dutch Oven geben, Backpapier ist nicht nötig.

2 Eingeheizt wird dem Brot im Dutch Oven für etwa 50–60 Minuten mit 9 Briketts oben und 6 unten.

3 Wer mag, kann dem Brot mit ausgelassenem Bacon oder getrockneten Tomaten noch eine ganz besondere Note verleihen.

Den Duft frischer Brötchen zum Frühstück liebt jeder ... und auch in der Dutch-Oven-Küche am Feuer dürfen krosse Brötchen nicht fehlen. Noch dazu sind sie schnell zubereitet.

BRÖTCHEN

9

4 Liter

6

500 g Mehl, Type 405
320 ml Wasser, lauwarm
1 Tüte Trockenhefe
½ TL Salz
2 EL Butter
3 TL Milch

Für 7–8 Brötchen

1 Das Mehl, die Hefe, das Salz und das Wasser vermischen und gründlich durchkneten. Wenn der Teig schön glatt und geschmeidig ist, für etwa 30 Minuten an einem warmen Ort etwas aufgehen lassen.

2 Den Teig nach dem Aufgehen in 7–8 gleichgroße Stücke aufteilen, je nachdem, wie groß die Brötchen werden sollen. Den Topf mit der Butter auspinseln oder einen Bogen Backpapier hineinlegen, die Teiglinge im Kreis entlang der Wand des Dutch Ovens aneinanderlegen und oben mit einem scharfen Messer leicht einschneiden.

3 Den Dutch Oven verschließen, 9 Briketts darauf und 6 darunter legen und die Brötchen für 30–35 Minuten goldbraun backen. Die Brötchen ab und an mit Milch bestreichen – so werden sie schön goldbraun!

Besonders gut schmecken die Pizzabrötchen aus dem Dutch Oven, weil der Boden hier so wunderbar knusprig wird. Und schnell gemacht sind sie auch …

PIZZABRÖTCHEN

15
4 Liter
9

300 g Mehl, Type 00
170 ml warmes Wasser
6 g frische Hefe
1 TL Salz
½ TL Zucker
2 EL Pizzagewürz nach Wahl, alternativ Basilikum, Salz, Knoblauch, Oregano, Thymian und Majoran

Für 8–9 Brötchen

1 Zunächst die Hefe in lauwarmem Wasser vollständig auflösen und den Zucker hinzugeben. Am besten löst sich alles mit einem kleinen Schneebesen. Die Mischung für etwa 5 Minuten stehenlassen. So hat der Zucker Zeit, die Hefe im warmen Wasser zu aktivieren. Wer viel mit Hefe arbeitet, wundert sich vielleicht über das unübliche Vorgehen, die Hefe im kompletten Wasser aufzulösen, anstatt sie einfach zu zerbröseln, mit Zucker zu bestreuen und dann zu verrühren. Dies ist einfach dem Umstand geschuldet, dass man draußen meist etwas weniger Geschirr zur Verfügung hat und deshalb gerne etwas „geiziger“ mit seinem Equipment umgeht. Keine Sorge: Es funktioniert …

2 Das Mehl abwiegen, mit dem Salz und den Gewürzen in eine Schüssel geben und leicht verrühren. Danach die Mischung aus Wasser, Hefe und Zucker zugießen und gut verkneten. Am besten geht das natürlich mit einer Küchenmaschine. Den Teig, sobald er gründlich und ohne Klümpchen verknetet ist, für etwa 30 Minuten an einem warmen Ort gehen lassen.

3 Danach noch einmal leicht kneten und dann in 8–9 Stücke aufteilen. Die Teiglinge dürfen dann direkt in den Dutch Oven, in den man zuvor am besten einen Bogen Backpapier legt. Wenn man die Brötchen in direktem Kontakt zueinander in den Topf legt, verbinden sie sich während des Backens zu einer schönen Brötchenblume, die sich komplett aus dem „Dopf“ entnehmen lässt und auf dem Tisch sehr dekorativ aussieht.

4 Bei einer Verteilung von 15 Briketts auf und 9 Briketts unter dem Topf benötigen die Pizzabrötchen etwa 30 Minuten, bis sie durchgebacken sind. Sie schmecken als Beilage zu vielen Gerichten, unter anderem zur Pizzasuppe auf Seite 50.

Alle haben es schon gesehen und jeder muss es probiert haben. Bannock, das Brot der Cowboys. Echtes Bannock ist einfach und schnell gemacht und gehört zu jedem deftigen Gericht einfach dazu.

BANNOCK – BROT DER COWBOYS

Dutch-Oven-Deckel eines 4–6 Liter-Topfes, in dem man backen kann.

15

4 Tassen Mehl, Type 405
1 ½ Tassen Wasser
2 TL Backpulver
1 TL Salz
1 EL Butter, Margarine oder Öl
etwas Fett zum Braten, z. B. Butterschmalz

1 Zuerst gilt es, für ein gutes Feuer mit einem anständigen Glutbett zu sorgen. Alternativ kann man auch 15 Briketts durchglühen lassen. Egal, für welche Hitzequelle man sich entscheidet: Später wird der Deckel des Dutch Ovens als Pfanne darauf genutzt. Während also das Feuer entfacht ist und schön herunterbrennt oder die Briketts durchglühen, geht es an die Zubereitung des Teiges.

2 Alle Zutaten, bis auf das Bratfett, in einer kleinen Schüssel so lange miteinander vermischen und gründlich kneten, bis ein schöner, fester Teig entstanden ist, der nicht mehr klebt. Sollte es doch mal klebrig werden, dann gibt man einfach noch etwas Mehl hinzu. Der Teig darf nicht an der Schüssel oder den Händen hängen bleiben.

3 Den Teig etwas ruhen lassen und in der Zwischenzeit den Deckel auf der Glut platzieren, heiß werden lassen und etwas Butterschmalz hineingeben. Dabei darauf achten, nicht zu viel Fett zu verwenden und den Deckel nicht zu heiß werden zu lassen, denn in einer offenen Pfanne entsteht sehr schnell ein Fettbrand.

4 Den Teig vierteln und jedes Teigstück mit dem Handballen zu einem Fladen drücken, ungefähr auf Handgröße. Der Fladen sollte etwa einen Zentimeter dick sein. Sobald er die richtige Größe hat, kann er direkt auf den heißen Deckel.

5 Jetzt heißt es aufpassen! Das Brot muss mehrmals gewendet werden, damit es richtig durchbackt und es brennt recht schnell an oder wird sehr dunkel. Deshalb ist es besser, sich bei etwas kleinerer Hitze etwas mehr Zeit zu lassen.

6 Das Brot ist fertig, wenn es sich weich, aber nicht mehr matschig anfühlt und eine schöne Bräunung hat. Es schmeckt einfach herrlich und passt zu vielen Gerichten wie Texas Beans, Suppen, mit frischer Bacon Jam oder einfach pur auf die Hand zu einem frisch gebrühten Kaffee.

Ein Dutch-Oven-Brownie oder auch Boston Brownie genannt ist ein traditioneller Kuchen aus den USA. Davon gibt auch die schnelle Variante mit nur zwei Zutaten. Dieses Rezept eignet sich besonders für den Dutch Oven und eine schnelle, einfache Zubereitung für unterwegs. Für einen klassischen Brownie verwendet man einen Rührteig mit wenig Mehl und Kakaopulver und diejenigen, die es schokoladig mögen, geben noch zerkleinerte Schokolade hinzu. Für das richtige Outdoor-Vergnügen sind das jedoch zu viele Zutaten. Unser Brownie ist deutlich schneller und einfacher gemacht …

BROWNIE

6 / 4 Liter / 6

4 Eier
350 g Nutella oder eine Schokocreme der Wahl
Backpapier

1 Die Zubereitung geht wirklich recht fix und ist perfekt geeignet als kleiner Snack zwischendurch oder für die gemütliche Kaffeezeit in der freien Natur. Zunächst die Eier in einer Schüssel 6–7 Minuten schön locker aufschlagen. Diese Zeit sollte eingehalten werden, damit der Brownie später schön locker wird.

2 Dann Nutella hinzugeben und alles zu einer schönen glatten Masse verrühren. Besonders raffiniert schmeckt der Brownie, wenn man die Masse mit ein paar Chiliflocken verfeinert.

3 Nun legt man einen Bogen Backpapier in den Dutch Oven und füllt die Teigmasse ein.

4 Nach gut 25 Minuten mit 6 Briketts auf und 6 unter dem Topf ist der Brownie auch schon fertig. Zum Servieren in kleine Stücke schneiden und nach Geschmack mit Puderzucker bestäuben.

Jeder kennt sie und fast jeder liebt sie: frische Reibekuchen. Und wenn die Briketts ohnehin schon glühen, dann sind Omas Reibekuchen im Dutch-Oven-Deckel schnell gezaubert.

Dutch-Oven-Deckel eines 4–6 Liter-Topfes, in dem man backen kann.

15

REIBEKUCHEN

12 große Kartoffeln
3 Zwiebeln
8 EL Mehl
2 Eier
Salz & Pfeffer
Butterschmalz

1 Die Kartoffeln schälen, reiben und mit Salz und Pfeffer würzen. Danach die Zwiebeln schälen und entweder auch reiben oder klein würfeln und mit den Kartoffeln vermengen.

2 Das Mehl und die Eier dazugeben und nochmals so lange verrühren, bis sich alle Mehlklümpchen aufgelöst haben.

3 Den Deckel gut durchheizen und eine ordentliche Portion Butterschmalz darin zerlaufen lassen. Sobald sich beim Eintauchen eines Holzlöffels ins Fett dort kleine Blasen bilden, hat das Öl die richtige Temperatur. Das ist der Moment, um den Reibekuchenteig portionsweise in die „Pfanne" bzw. in den Dutch-Oven-Deckel zu geben.

Mit einer ordentlichen Portion Fett geht das Durchbraten sehr schnell. Vorsicht beim Wenden! Das Fett kann spritzen und wenn zu viel Fett im Deckel steht, ist bei hoher Hitze der Fettbrand nicht weit. Das kleine Risiko lohnt sich auf jeden Fall. Es gibt kaum etwas so Leckeres, wie frische Reibekuchen direkt vom Feuer. Vor dem Servieren kurz auf einem Küchentuch abtropfen lassen und am besten mit selbstgemachtem Apfelmus genießen!

DESSERTS
UND ANDERE SÜSSE SACHEN

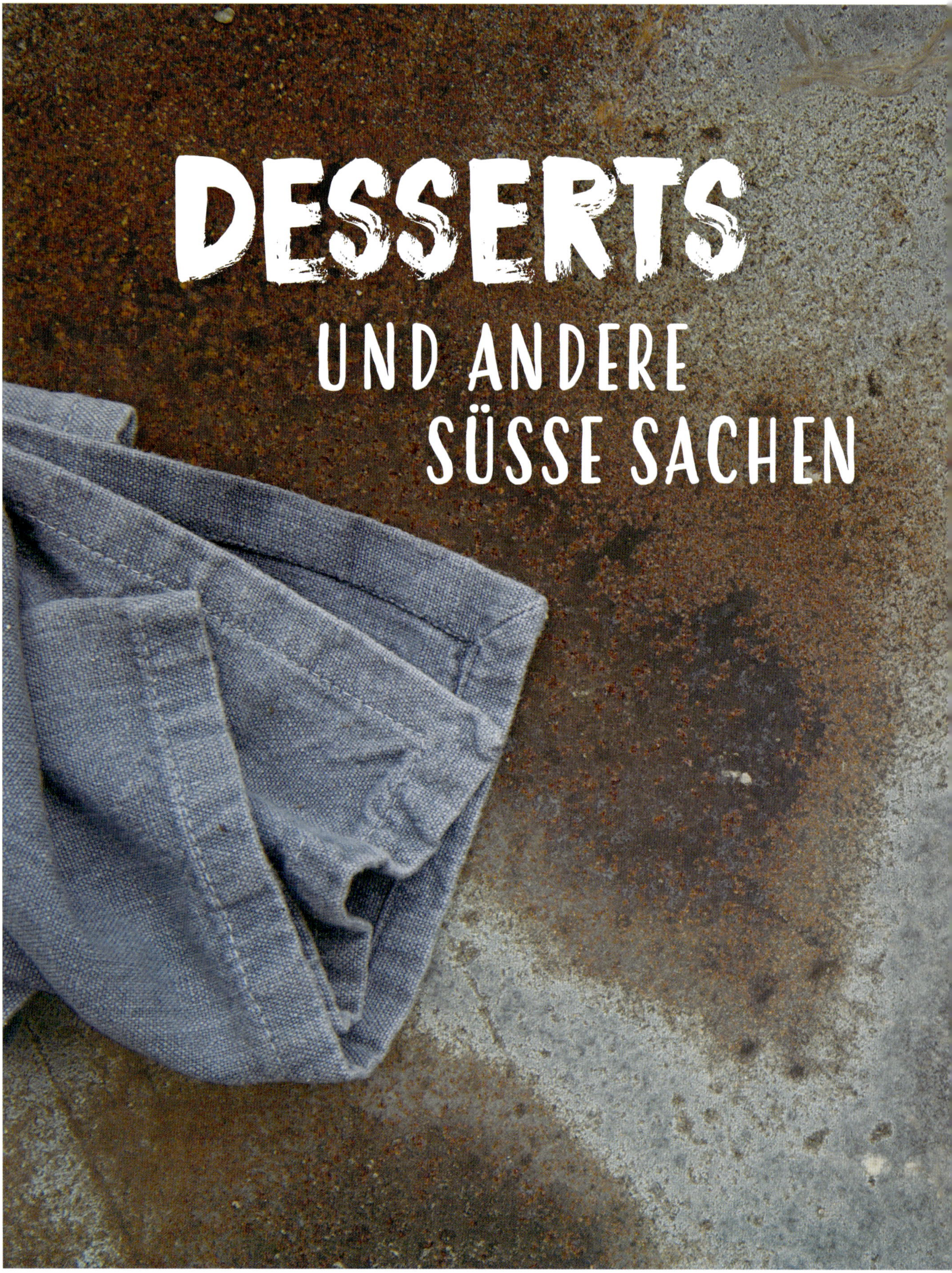

Nicht nur zur Erntezeit ist ein frisch gebackener Apfelkuchen immer ein Gaumenschmaus. Dieser Kuchen aus dem Dutch Oven ist schnell gemacht und mit ein paar leckeren Gewürzen schmeckt er absolut sensationell.
Bei der Wahl der Äpfel ist man recht flexibel. Das Rezept funktioniert mit fast jedem Apfel, hier sollte das Angebot entscheiden – einfach schauen, was der Garten oder der Obsthändler zu bieten hat.

APFELKUCHEN

9
4 Liter
6

200 g Zucker
200 g Butter
500 g Mehl, Type 405
1 TL Backpulver
2 Eier
4–5 Äpfel
2 TL Apfelkuchen-Gewürz oder ½ TL Zimt, ½ TL Vanillezucker und 2 gemahlene Nelken
Puderzucker

1 Das Mehl, den Zucker, die Butter, das Backpulver, die Eier und 2 Teelöffel Apfelkuchen-Gewürz, bzw. die Einzelgewürze in einer Schüssel vermischen und so lange rühren, bis ein fester und fast bröckeliger Teig entstanden ist. Das Ganze noch einmal kurz mit der Hand glatt kneten und ein Drittel des Teiges abteilen. ⅔ dienen als Boden, das übrige Drittel als Streuselbelag.

2 Einen Bogen Backpapier in den Dutch Oven legen, den Boden mit dem Teig auslegen und am besten mit der Faust auseinanderdrücken. Auf diese Art entsteht direkt ein kleiner Rand, der später die Apfelscheiben hält.

3 Die Äpfel vierteln, schälen, entkernen, in schmale Spalten schneiden und den Boden vollständig damit belegen. Den restlichen Teig zu Streuseln zupfen und über die Apfelspalten geben. Nun etwa 1 ½ Telöffel Puderzucker darüber geben. Er zieht beim Backen schön in den Teig ein und intensiviert das gesamte Aroma.

4 Nun geht's ab auf die Briketts. Den Dutch Oven habe ich mit 15 Briketts befeuert, um auf ca. 180 °C zu kommen. Danach haben 6 Briketts unten und 9 Briketts oben perfekt gepasst, um diese Leckerei zu zaubern.

5 Nach etwa 60 Minuten ist der Kuchen fertig. Am besten schmeckt er, wenn man ihn noch heiß genießt, eventuell mit etwas Puderzucker bestreut und mit einer Kugel Vanilleeis verfeinert.

Apple Crumble gehört zu den beliebtesten Nachtischen, die es gibt. Warm, fruchtig, süß und knusprig zugleich. Ein Gaumenschmaus für alle und jeden.

APPLE CRUMBLE

9

4 Liter

6

500 g Äpfel, leicht säuerlich
200 g Mehl, Type 405
150 g kalte Butter
100 g brauner Zucker
1 Tüte Vanillezucker
1 Msp. Zimt
3 gemahlene Nelken
1 Packung Vanilleeis
etwas Butter oder Trennspray zum Einfetten

1 Den Dutch Oven mit wenig Butter oder Trennspray leicht einfetten, damit nichts anhaften bleibt.

2 Für die Streusel das Mehl, die kalte Butter, Vanillezucker, Zimt und Nelkenpulver miteinander vermengen. Der Teig muss nicht durchgeknetet werden, es soll eine schön mürbe und bröselige Masse entstehen. Das geht am besten, wenn die Butter schön kalt ist – und vom Kneten wird sie eher warm … Den Teig kühl stellen.

3 Die Äpfel schälen, das Kerngehäuse entfernen, in kleine, mundgerechte Stücke schneiden und direkt in den vorbereiteten Dutch Oven geben. Da die Streusel schon vorbereitet sind, haben die Äpfel keine Zeit, braun zu werden. Der Topf sollte, wenn alle Äpfel geschnitten sind, etwa zu einem Drittel gefüllt sein. Nun die Streusel über den Äpfeln verteilen und den Dutch Oven direkt mit den Briketts befeuern.

4 Der Apple Crumble braucht dann auch nicht mehr so lange. Nach etwa 25–30 Minuten sollten die Streusel eine schöne goldbraune Farbe haben und am Rand des Topfs sollte etwas Flüssigkeit zu sehen sein. Zu diesem Crumble passt ein Vanilleeis.

Leckere Pfannkuchen schmecken immer, beim Frühstück, mittags oder am Abend. Sie sind absolute Allrounder und für die Zubereitung im Dutch-Oven-Deckel wie gemacht.

Dutch-Oven-Deckel eines 4–6 Liter-Topfes.

15

PFANNKUCHEN

250 g Mehl
500 ml Milch
3 Eier
1 Prise Salz
Butterschmalz

optional

1 Msp. Backpulver
1 Schuss kohlensäurehaltiges Mineralwasser
1 EL Zucker
1 Päckchen Vanillezucker
1 Handvoll frische Kräuter nach Wahl

Für 8 Pfannkuchen

1 Die Eier, die Milch und das Mehl und in einer Schüssel mit einem Schneebesen zu einem glatten, dünnflüssigen Teig verrühren. Den Teig vor der Weiterverarbeitung etwa 15–20 Minuten ruhen lassen. Wer mag, kann eine Messerspitze Backpulver oder einen Schuss Mineralwasser mit Kohlensäure zugeben, damit der Teig schön luftig und locker wird.

2 Wer die Pfannkuchen gerne süß genießen möchte, gibt Zucker und Vanillezucker in den Teig, wer es lieber herzhaft mag, lässt die beiden Zucker weg und gibt stattdessen ein paar Kräuter in den Teig.

3 Nun den Dutch-Oven-Deckel auf die vorbereiteten Briketts stellen und das Butterschmalz darin zerlassen. Dann kann es auch direkt losgehen. Mit einer kleinen Kelle Teigportionen in den Deckel geben. Ich empfehle etwa 2 Esslöffel Teig für einen Pfannkuchen. Diese Größe ist perfekt für den direkten Genuss am Feuer.

Omas Käsekuchen ist immer etwas Besonderes und man kann ihn auch wunderbar im Dutch Oven zubereiten!

9

4 Liter

6

KÄSEKUCHEN

Für den Boden

150 g Butterkekse
30 g Vanillezucker
70 g Butter

Für die Kuchenmasse

350 g Doppelrahmfrischkäse
350 g Magerquark
1 Päckchen Vanillepuddingpulver
180 g Zucker
6 Eier, getrennt
200 g Saure Sahne
1 unbehandelte Zitrone, Saft und Abrieb
etwas Salz

1 Für den Kuchenboden die Butterkekse zerbröseln, dazu die Kekse am besten in einen Gefrierbeutel geben und mit dem Nudelholz klopfen oder darüber rollen. Den Vanillezucker und die zerlassene Butter zu den Bröseln in die Tüte geben und im Beutel zu einem mürben Teig durchkneten. Vorsicht mit der heißen Butter! Man kann sich schnell daran verbrennen.

2 Den Dutch Oven mit Backpapier auslegen, die Teigmasse darauf verteilen und fest andrücken. Während der Teig abkühlt, wird die Kuchenmasse zubereitet. Hierfür den Frischkäse, das Puddingpulver, den Quark und den Zucker verrühren, das Eigelb und die Saure Sahne unterrühren, genauso wie den Zitronensaft und -abrieb. Dann das Eiweiß mit etwas Salz steif schlagen und ganz vorsichtig mit einem Spatel unterheben.

3 Den Teig auf den Boden im Dutch Oven geben und den Topf verschließen. Der Kuchen braucht etwa 1 ½–2 Stunden, bis er eine goldene bis goldbraune Farbe hat und durchgebacken ist. Zwischendurch mit der Stäbchenprobe den Backvorgang prüfen.

4 Wenn der Kuchen durchgebacken ist, sollte er etwa 20–30 Minuten abkühlen. Dann vorsichtig mit dem Backpapier aus dem Dutch Oven heben. Besonders lecker schmeckt er noch lauwarm mit einer Kugel Vanilleeis.

Es gibt nichts Schöneres in der Winterzeit, als diesen Weihnachtsklassiker im Dutch Oven zuzubereiten und ihn direkt am Feuer zu essen.

9

4 Liter

6

BRATAPFEL

3 Äpfel, z. B. Boskop
3 TL Butter
3 EL Rosinen
3 EL Marzipanmasse
3 TL Bratapfelgewürz, alternativ 2 TL Vanillezucker und 1 TL Zimt
Vanilleeis

1 Echte Bratäpfel sind natürlich gefüllt, deshalb entfernt man zuerst einmal bei sämtlichen Äpfeln mit dem Apfelentkerner das Kerngehäuse. Für die Füllung das Marzipan, die Butter, die Rosinen und das Bratapfelgewürz zu einer glatten Masse vermengen und diese dann auf die vorbereiteten Äpfel verteilen. Eine Prise Pfeffer gibt dem Ganzen noch einen besonderen Kick.

2 Die gefüllten Äpfel vorsichtig in den Dutch Oven stellen und diesen mit 9 Briketts oben und 6 Briketts unten befeuern. Sobald die Schalen leicht aufplatzen, sind die Äpfel fertig, das dauert etwa 30 Minuten. Jetzt kann man sie mit etwas Vanilleeis servieren.

Äpfel müssen nicht immer die alleinigen Protagonisten eines Crumbles sein – man kann ihnen auch andere Früchte zur Seite stellen, um ein tolles Dessert zu zaubern.

OBSTCRUMBLE

9 | 4 Liter | 6

Für die Streusel

250 g Butter
250 g Mehl
200 g Zucker

Für die Obstmischung

200 g Weintrauben, kernlos
2 Birnen
2 Äpfel
100 g Zucker
3 TL Stärke
1 Vanilleschote, das Mark
1 Zitrone, der Abrieb
1 Msp. Zimt

1 Zunächst das Obst waschen, entkernen und in Würfel schneiden, nur die Weintrauben ganz lassen. Dann den Zucker, die Stärke und den Zitronensaft, das Vanillemark, den Zimt und die Zitronenschale miteinander vermischen, zu dem Obst geben und gründlich vermengen.

2 Zur Herstellung der Streusel das Mehl, die Butter und den Zucker in einer Schüssel miteinander vermengen und leicht durchkneten. Es soll keine glatte Masse entstehen, sondern ein krümeliger Teig.

3 Die Obstmischung in den „Dopf" geben, den Streuselteig in kleine Stücke zupfen und über der Mischung verteilen und alles 45–60 Minuten backen, jedoch nicht länger.

4 Den fertigen Crumble abkühlen lassen, bis er nur noch warm ist und mit einer Kugel Eis servieren.

DANKE!

Ein solches Projekt braucht immer viele Gleichgesinnte, die auf unterschiedlichste Art einen Beitrag zum Gelingen beisteuern. Ganz besonders möchte ich mich bedanken bei Jonas von Petromax für den Support mit erstklassiger Hardware, genauso wie bei David und Greta von Eatventure, die uns mit ihrem Fleisch aus artgerechter, regionaler Zucht sehr großzügig unterstützt haben. Dank auch an Kai von Spicebar, denn auch das beste Fleisch benötigt manchmal noch ein großartiges Gewürz …

DRAUSSEN GENIESSEN MIT HEEL

128 Seiten, gebunden, Set mit Buch & Steakmesser (Kiefernholzgriff, 12 cm-Klinge aus rostfreiem Edelstahl) 300 x 330 x 25 mm
EUR 24,99
ISBN 978-3-95843-877-4

ca. 168 Seiten, 187 x 231 mm, Hardcover
EUR 19,99
ISBN 978-3-95843-939-9

ca. 80 Seiten, 183 x 225 mm, Paperback
EUR 9,99
ISBN 978-3-95843-867-5

160 Seiten, 210 x 260 mm, Hardcover
EUR 22,–
ISBN 978-3-95843-874-3

176 Seiten, 250 x 308 mm, Hardcover
EUR 29,95
ISBN 978-3-95843-365-6

144 Seiten, 203 x 254 mm, Paperback
EUR 19,99
ISBN 978-3-95843-626-8

176 Seiten, 183 x 225 mm, Paperback
EUR 16,99
ISBN 978-3-86852-361-4

144 Seiten, 203 x 254 mm, Paperback
EUR 19,99
ISBN 978-3-95843-227-7

192 Seiten, 180 x 230 mm, Hardcover
EUR 19,99
ISBN 978-3-95843-809-5

Unser komplettes Programm erhalten Sie in jeder Buchhandlung und unter www.heel-verlag.de
HEEL Verlag GmbH | Gut Pottscheidt | 53639 Königswinter | Bestellhotline: 0531 7088560